JN200829

情報化時代の今、公共図書館の役割とは

岡山県立図書館の挑戦

菱川 廣光

大学教育出版

はじめに

新岡山県立図書館は二〇〇四年九月に開館しました。早いもので一四年目に入っています。新館計画に携わった一職員として不安を抱きながらの出発だったのを思い出します。もちろん開館までに準備すべきことは全力を挙げて取り組んだ自負もありましたから、県民や市町村立図書館には必ず受け入れてもらえるという自信もありました。ただ、それまでの活動があまりにも低調であっただけに、どうしても後ろ向きの気持ちをぬぐい去れないところがありました。

初日は、午後からの半日だけの開館でした。にもかかわらず驚くほど多くの利用者がありました。そして実にたくさんの資料が動きました。新館は、どこでもそうなるとは聞いていましたが、その状況が一週間を過ぎても、一か月を過ぎても続いていく中で、自信は確信に変わっていったように思います。図書館の基本を大切にする。一人ひとりの利用者と丁寧に向き合う。利用者を手ぶらでは帰さない。そうした姿勢で毎日の仕事に向き合いました。

初年度は半年間の開館でしたから、他の都道府県立図書館と数値での比較はできませんでしたが、県民や市町村立図書館からの手応えで活動度はかなり高いものと感じていました。勢いは月を重ねるたびに増していきました。テレビや新聞などでもたびたび大きく取り上げてもらえました。特に、多くの県民に驚きをもって受け止められたのは二〇〇六年の次の記事でした。

「岡山県立図書館　二〇〇五年度の入館者、貸出冊数全国トップに　岡山県立図書館（岡山市丸の内）の二〇〇五年度の入館者数と貸出冊数が、全国の都道府県立図書館でトップだったことが、日本図書館協会（東京）の調査で一一日までに分かった」（山陽新聞朝刊二〇〇六年九月一二日）。

次年度、一年間の統計が集計されてみると、入館者数、個人貸出冊数とも一〇〇万を超え都道府県立図書館比較では一番多い数値でした。何しろ、県総合文化センター時代はどちらも一〇万程度の数値で、四〇位前後というところでしたから、県民にも図書館職員にも驚きでした。以降、毎年、二つの数値は注目を集めるところとなりました。そして、最近の記事では次のように報道されました。

「県立図書館　一五年度入館者数、貸出冊数　一一年連続全国一位　県立図書館（岡山市北区丸の内）は二六日、二〇一五年度の入館者数と個人貸出冊数が全国の都道府県立図書館で一位になったと発表した。いずれも一一年連続。（中略）県立図書館総務・メディア課は『豊富な蔵書や企画展の充実が利用の増加につながったのではないか。文化・情報拠点として、今後もニーズに沿った運営に努めたい』としている」（山陽新聞朝刊二〇一六年八月二七日）。

岡山県に対する国民の認知度は低いと言われていましたから、全国一位を発信できるものができたことは地域ブランドにつながります。県民も、そういう図書館が岡山県にあること、それを利用できることが誇りであると思います。カウンター越しにもよく話題に取り上げられました。市町村の図書館に出かけてもまずはそれがあいさつ代わりになりました。

ただ、この報道のされ方は、少し困惑を伴うものでもありました。というのも、県立図書館の機能として最も重視しているのは市町村立図書館への支援だからです。市町村立図書館で足りない資料を提供したり、回答が困難な調査相談を代わって回答したりということです。県民が日常利用している市町村立図書館を支援することで、県立図書館の資料や情報は全県民に有効に活用されることになるからです。しかし、テレビや新聞には社会的に一番注目される数字や活動ばかりが取り上げられます。入館者数や個人貸出冊数です。岡山県立図書館にとってもこれはこれで大切な指標ですから大事にしなければなりませんが、こうした部分にばかり県立図書館は力を入れているのではないか、つまり県民への直接サービスに偏っているのではないかという批判が出てきていたのも事実です。

統計数字は図書館活動の結果です。結果を比較しての順位には大して意味があるわけではありません。順位を競う競争をしているわけではないのですから。県民にどういったサービスを展開してその数字が出たのか、それは望ましい数字なのか。統計数字は、最終的にはそれぞれの図書館の活動内容を評価するうえで重要になるものです。活動内容を評価して、改善すべきは改善してさらにより県民に望ましいサービスを提供していくということに活かしていくものです。

テレビや新聞が順位に焦点を当てて報道するのはある意味仕方がないとしても、図書館がそれに踊らされてはいけません。県立図書館は何を基本にしているのか。今後の進むべき方向をどう考えているのか。そうした部分も丁寧に説明していく必要があります。決して直接サービスに偏った運営をしているのではないことも説明する必要があります。

本書では、図書館界が資料購入費の大幅な削減や正規職員の減少に加え、図書館の運営を営利企業等に代行してもらう指定管理者制度の導入問題などで混乱していたとき、二一世紀という新しい時代に開館した岡山県立図書館が、何を運営の基本に据えたのか、どこを目指していたのかという点を掘り下げてみました。テレビや新聞報道では十分に伝えきれていない県立図書館のより正確な姿を伝えることができていればよいのですが。

情報化時代の今、公共図書館の役割とは

―岡山県立図書館の挑戦―

目次

情報化時代の今、公共図書館の役割とは

―岡山県立図書館の挑戦―

第一章

がまんの限界

施設・設備の面

岡山県立図書館の前身、県総合文化センターが新築開館したのは一九六二年六月でした。図書館部門、文化部門、日米文化センターからなる複合施設で、設計はモダニズム建築の旗手・前川國男氏によるもので、ピロティや吹き抜けレリーフなど当時のモダンなデザインが取り入れられています。中四国随一といわれ、またユニークな施設としても注目されました。

地下一階・地上三階建て、延べ床面積五六一〇㎡。一般閲覧室には開架図書七〇〇〇冊・一般閲覧席七二席・学生閲覧席一〇八席、新聞雑誌室には雑誌九〇誌・新聞一三紙・閲覧席二〇席、日米文化センター閲覧室には開架図書約一万一〇〇〇冊・雑誌九九誌・閲覧席三二席、郷土資料室には開架図書数千冊・閲覧席一二席、産業技術資料室には特許資料・JIS・閲覧席一二席などが配置されました。書庫は、現在は見られなくなった六層からなる積層式書庫で、建物の真ん中に位置する中央書庫方式、収蔵能力は約二〇万冊というものでした。全体としては開架図書約二万冊、書庫収蔵能力二〇万冊、雑誌一八九誌、新聞一三紙、閲覧席二五九席ということになります。他に自動車文庫二台、複合部分として展示室、集会室、視聴覚ライブラリーを備えていました。現在の県立図書館と数字で比較すると隔世の感があります。

開架図書約二万冊、書庫収蔵能力二〇万冊というのは県立図書館としてどうなのかと思いますが、当時の新刊出版点数が約一万点（『出版指標年報』出版科学研究所）ということでしたから、収集・保存計画を立てたとき、開架図書二万冊、収蔵能力二〇万冊で十分と考えられたのかもしれません。

しかし、新刊出版点数は五年後には約一・六倍、一〇年後には約二倍、二〇年後には三倍と高度経済成長を背景に大きく伸びていきます。収集すべき図書の点数も想定していた以上に伸びていったはずです。図書館では保存すべき資料は図書以外にも雑誌、新聞など多くあります。グラフ1の蔵書冊数（本館用）の推移からも分かるよ

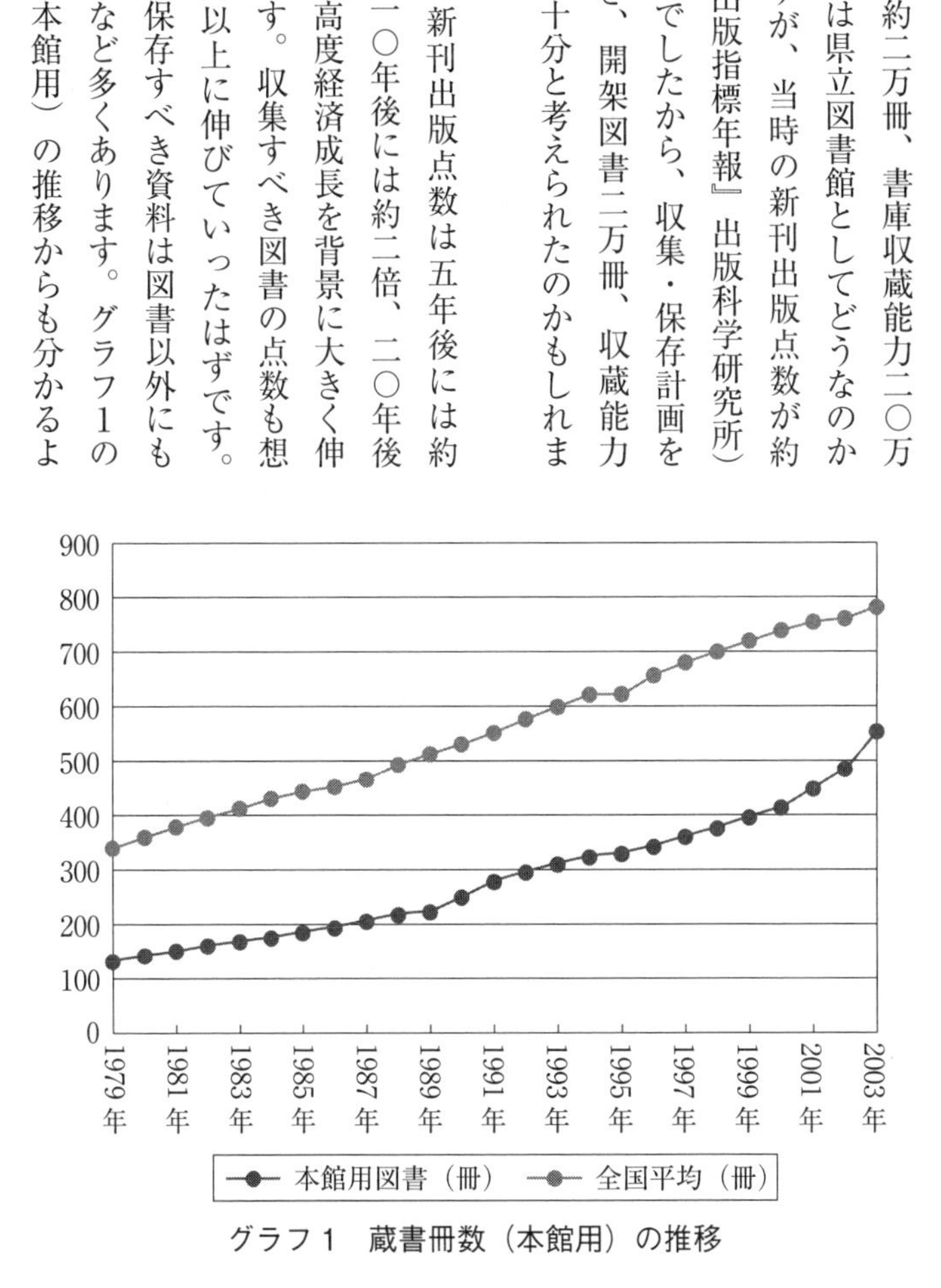

グラフ1　蔵書冊数（本館用）の推移

うに、二五年後の一九八七年には図書だけで書庫収蔵能力の二〇万冊を上回るところとなり、当初の予定より驚くほど速く新たな収蔵スペースの確保が問題になっていました。

毎年増加する二万冊前後の図書と雑誌・新聞等を保存するスペースの確保は深刻な課題でした。敷地内に書庫を増築するスペースはありませんから、閲覧席の数を大幅に減らしたり、閲覧室内にあった図書検索のためのカード目録のケース（コンピュータ目録の世代には想像できないかもしれませんがこれが驚くほどのスペースを占めます）を閲覧室入口のホールに移動させたり、転用可能な部屋を書庫にあてたりして書架を増設するスペースを何とか確保しました。ついには広くもない廊下でさえ書架の設置場所として活用せざるを得ない始末でした。しかし、そこまでしても増え続ける資料を利用可能な状態で維持することは厳しい状況でした。苦肉の策で、開架スペースの書架間隔を数センチ単位で縮めて書架設置のスペースを捻出したりもしましたが、小手先のやりくりで解決できる段階ではありませんでした。

その頃の一〇年間は、毎年、四月の蔵書点検（約二週間休館）のときには、資料の点検作業の他に、館内での資料の大移動が慣例になっていました。辛い作業でした。十分な書庫スペースを用意していなかったことを棚に上げて、県立図書館だって資料の廃棄をしてもいいじゃないかとやけっぱちな気分になることもありました。

保存スペースの他にも、公立図書館としては不可欠な身体障害者や高齢者に対する配慮（エレベーター、スロープ、トイレなど）もできていませんでした。また、ネット社会の到来が予測される中、高度情報化社会に対応するための環境整備にも限界がありました。

まったく八方ふさがりの状況でした。図書館職員は、現施設での運営の限界を認め、新たな場での新県立図書館建設の必要性を訴えていくことになりました。

文化部門では、岡山県立美術館の開設準備室が一九八五年に設置され、一九八八年春の開館を目指して順調に計画が進んでいました。

こうした事情から、県教育委員会は県総合文化センターの今後をどうするのか、具体的に検討することの必要性に迫られていました。

県総合文化センターの再編整備の動きについては、後半の「再編整備検討委員会から答申」のところで述べるとして、図書館の現場では、まだまだこれから二〇年近く書庫問題に悩まされ続けたのでした。


平成に入ってから、他県では次々と新館が開館していました。まさに県立図書館の新館建設ラッシュでした。一九九〇年三月鳥取県立図書館、四月山形県立図書館、一一月徳島県立図書館、一九九一年四月愛知県図書館、一九九二年三月新潟県立図書館、一九九三年三月和歌山県立図書館、一一月秋田県立図書館、一二月香川県立図書館といった状況でした。

一九九五年には、県総合文化センターから直線距離で一〇〇メートルぐらい離れた場所にあった旧中国四国農政局の一階と地階部分を借り上げ、そこに分室の看板を設置し、書庫の確保（図書、新聞・雑誌バックナンバー、特許資料）と組織の一部（館外奉仕係）を移転させるという大手術を行いました。また、一九九七年秋の新館用に購入してダンボール詰めしていた約四万冊の本も、新館が遠のいた（一九九四、九五年度と建設費の予算化が見送られていた）ことで、県民がいま利用できるように閲覧室に配架することになりました。一気に四万冊を配架するわけですから簡単なことではありません。一九九六年のコンピュータシステム導入のための二か月の臨時休館を利用して、館内資料の再配置を行いました。同時に、総合カウンターも閲覧室内から入口のホールに移しました。閲覧室は、いつの間にか七段のスチール書架が林立する書庫然としたものになってしまいました。地下の元館外奉仕係の部屋を改装して集密書架を設置したのもこの時期でした。

収蔵スペースを確保する戦いでは、最終的には、施設内の使える場所は会議室であれ、倉庫であれ、廊下であれ、すべて書庫に転用しました。一九九八年には、旧中国四国農政局に設置した分室をさらに大きい施設（ここは車でも一〇分程度かかり、その後の資料提供サービスに支障をきたすことになりました）へ移動させ、収蔵能力の高い書庫を確保しました。もうこれ以上は対応不可能というところまでいったのでした。

一九六二年の県総合文化センター開館時は、開架図書約二万冊、書庫収蔵能力二〇万冊であったものが、二〇〇四年三月、県総合文化センターを閉じる時には、実に、閲覧室に約一二万七〇〇〇冊、書庫に約五〇万冊の図書が、さらに同程度の雑誌、新聞、その他の資料が収蔵されていたことになります。

県立図書館の新館建設ラッシュは、まだまだ続いていました。一九九四年三月青森県立図書館、九月大分県立図書館、一〇月三重県立図書館、一九九五年二月岐阜県立図書館、九月大阪府立中央図書館、一九九八年三月宮城県立図書館、二〇〇〇年一〇月京都府立図書館と次々と開館しました。

岡山県より後発の図書館が、新しい顔で勢いよく出発していくのをただただ黙って見ているしかないのは不甲斐ないものでした。

図書館サービス面

県総合文化センターは、図書館部門の他、ホール・ギャラリー・視聴覚ライブラリーからなる文化部門と国際文化部門（日米文化センターを改称）を備えた総合文化施設として運営されていました。複合施設に期待されたのは、美術展を観に来た人が図書館も利用する、ホールにコンサートを聴きに来た人が図書館も利用する、あるいはその逆で、複合機能の相乗作用が大きな効果をもたらすというものでした。ところが実際の来館者の行動は、当初の目論見とは違い、それぞれの場で完結するというものが多かったようです。また、同じ建物に図書館と機能が違う施設がつくられたため、建築上の制約で図書館としては自由度が制限されてしまったところもあります。運営面でも予算が分散され、大胆な図書館運営を実行しようにも限界がありました。『岡山県総合文化センター等の再編整備について（答申）』[1]が県立図書館については単独館として整備すべきとした背景には、こうした複合施設の難しさも考慮されてのことだと思います。

グラフ2は資料購入費の推移ですが、緊急資料整備の予算が付いた数年間を除けば二〇年以上全国平均をかなり下回っています。

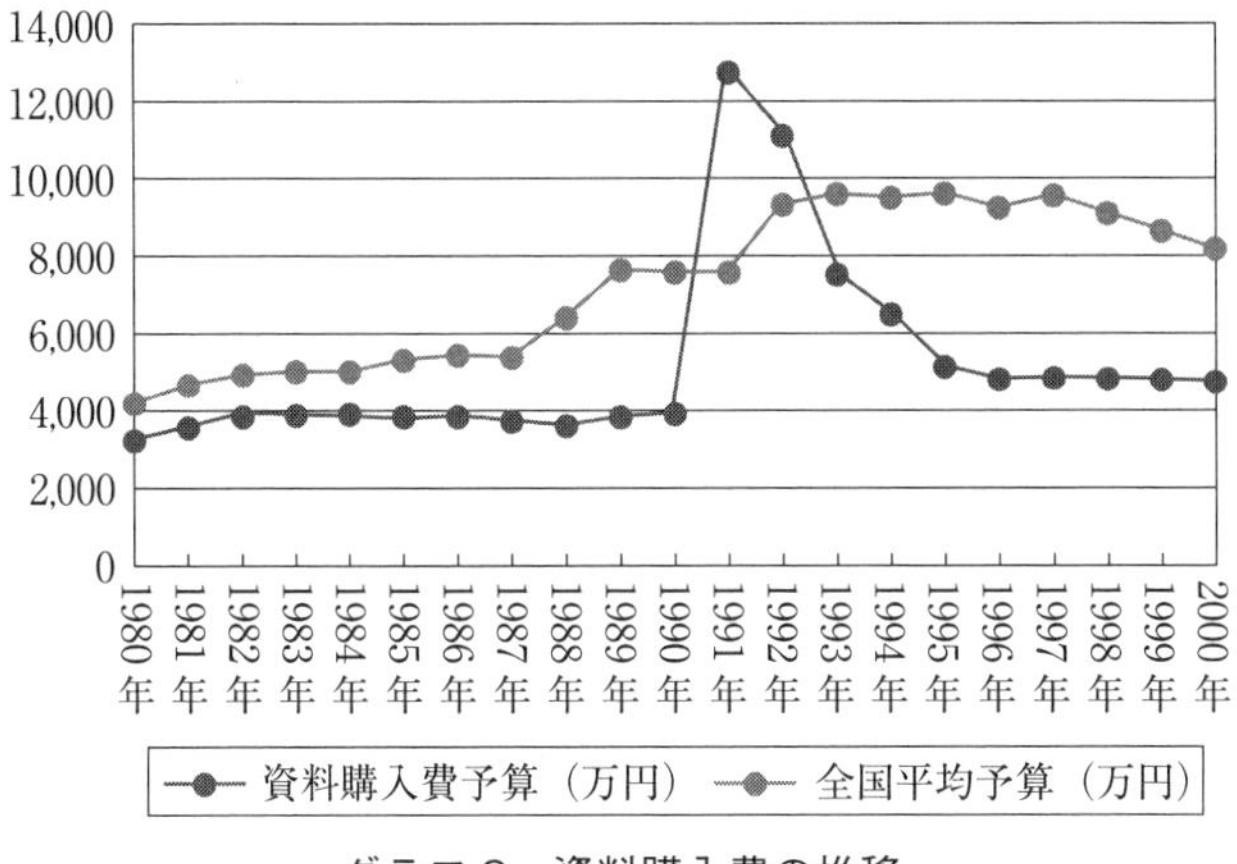

グラフ２　資料購入費の推移

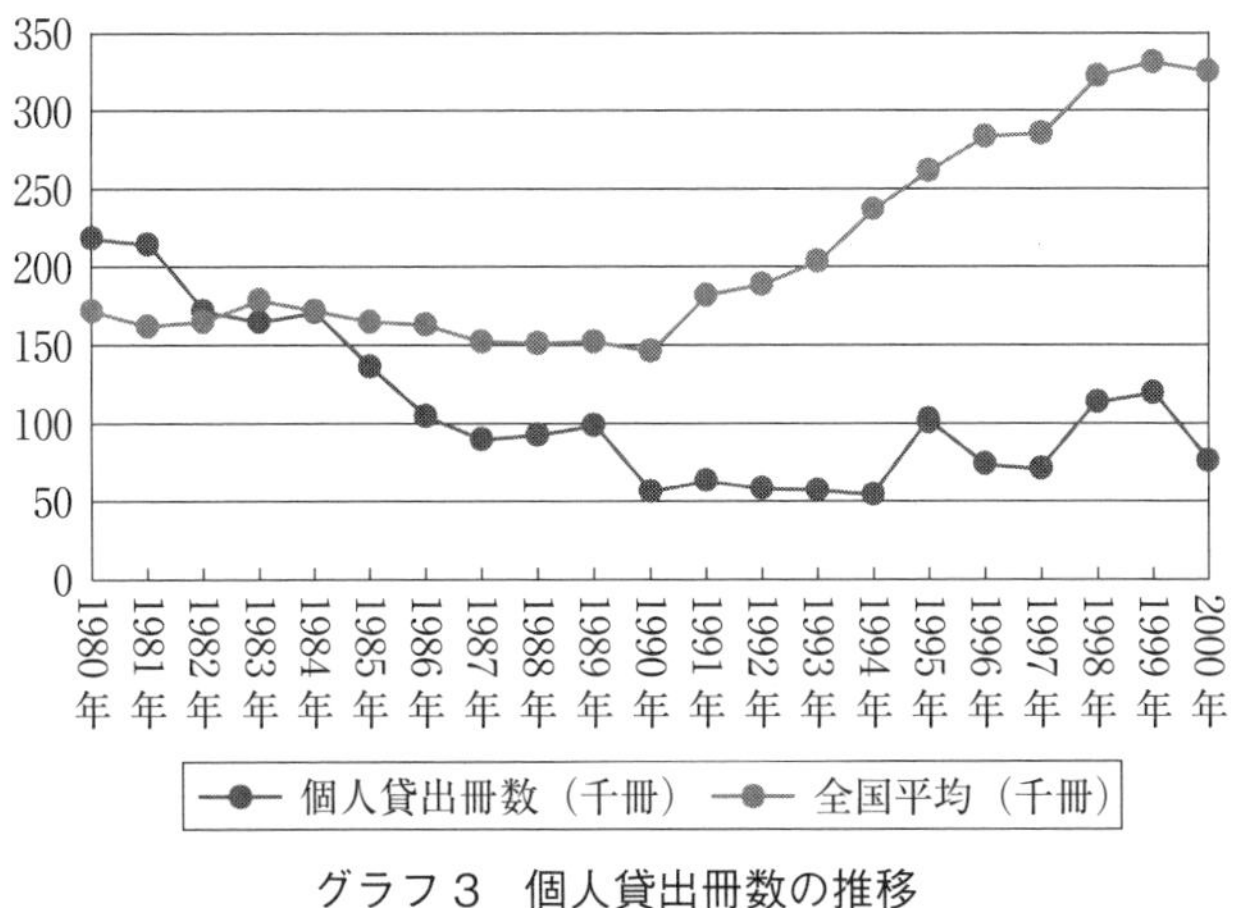

グラフ３　個人貸出冊数の推移

グラフ3は個人貸出冊数ですが、全国平均が年々増加傾向にあるのに反して、県総合文化センターは一九八〇年代に入ると減少の一途をたどり、以降、一〇万冊前後という低迷状態が続いています。二〇〇〇年度は都道府県立図書館の数値比較で最下位でした。また、市町村立図書館の支援としての協力貸出冊数も年間五〇〇〇冊もありません。全国平均の三分の一程度です。県民や市町村立図書館からの信頼を失っていたといえるでしょう。

こうした低迷の原因には、複合施設としての運営の難しさ（県総合文化センターに県立図書館部門があることを知らない県民が多かった。駅前タクシーが県立図書館を案内できなかったという笑えない話もありました）や、十分な資料購入費が手当てされなかったこともありますが、収蔵能力の限界から早くから閲覧室が書庫状態になり、快適な図書館空間が作れなかったこと、資料が複数個所の書庫や分室に分散し、迅速な資料提供が困難になったことなどが大きかったと思います。何しろ資料は大半が書庫内にあります。その資料が館内でも小刻みに分散され、分室の資料に至っては一日に二、三回しか取りに行けないという状態で、利用者から要求された資料を迅速に提供することができません。利用者の失望も大きかったことでしょうし、職員の仕事へのモチベーションも落ちていました。

県内の市町村立図書館が、『市民の図書館』[2]が刊行されて以降、「図書館の基本的機能は資料の提供である」という理念のもと徹底した住民への資料提供を展開していたとき、県総合文化センターは、市町村立図書館への支援が第一義の機能だと頭では理解していながら、そのことを徹底して実践するだけの資料も覚悟もなかったことには忸怩たる思いがあります。

再編整備検討委員会から答申

一九八五年前後から、県総合文化センター図書館部門は書庫の収蔵能力の限界から悲鳴を上げ始めました。

県議会（一九八五年九月定例会）においても、県総合文化センターの今後の在り方を、図書館部門の独立を視野に入れながら検討してはどうか、という質問が出ました。県教育長は独立問題については明言しませんでしたが、新たな県立図書館像を検討中であると答弁しています。一二月議会では、「図書が廊下にまであふれ出た実態を踏まえて、県総合文化センターをどうしていくのか」との質問に対して、知事が、「今後、県民の学習要求にこたえられるよう移転も含めて全面的に検討したい」と答弁しました。これら議会でのやり取りを聞いて、図書館職員は長く続いていた閉塞状況から抜け出せると大きな期待を抱きました。

そして、ついに一九八七年七月に「県総合文化センター再編整備検討委員会」が設置され、この検討委員会が、図書館部門の移転新築を含めた再編整備の基本的考え方についての諮問を受け教育長に答申することになりました。検討委員会の委員は、大熊立治委員長（県総合文化センター初代館長・林原美術館長）をはじめ一六名で構成されました。委員会でのやり取りを知れる立場にはなかったのですが、委員の顔ぶれから県立図書館の整備はよい方向に進むに違いないと考えていました。犬飼明子（岡山朗読技術友の会世話人）、栗原均（日本図書館協会事務局長）、黒崎義博（元岡山市立中央図書館長）、塩見昇（大阪教育大学教授）、竹部教雄（金光図書館長）、森本巌（津山市立図書館長）さんらがいらっしゃることは心強いことでした。

犬飼さんは、県総合文化センターに児童サービスがなかったことを懸念され、新県立図書館への児童サービスの導入を強く主張されました。塩見教授には、再編整備の検討委員会にとどまらず、県立図書館が新館開館するまで「基本構想」「基本計画」等を作成する委員としても重要な役割を果たしてもらいました。黒崎さんは、岡山市立中央図書館を建設し、初代館長を務めた方です。岡山県の図書館界のリーダーとして多くの助言をもらいました。

約五か月にわたる会議や県外図書館等の視察を経て、一九八七年一二月に『岡山県総合文化センター等の再編整備について（答申）』が教育長に提出されました。

答申には、図書館部門について、「総合文化センター機能から分離し、市町村立図書館との役割分担を明確にし、県内図書館サービス網の中核的な機能を持つ県立図書館として独立させるべきである」と書かれていました。図書館職員は独立という言葉にどれくらい勇気づけられたことでしょう。これでやっと悩まされ続けた書庫問題から解放される、県民への、そして市町村立図書館への支援に力を注げると安堵したものでした。複合施設から単独施設への転換は、県の職員のみならず、市町村の図書館職員にとっても大きな希望でした。

建物の設置環境についても、「交通の至便なところで、十分な駐車場のスペースを持った敷地を確保すること」「図書資料の収蔵施設については、当面、蔵書一〇〇万冊以上とし、将来拡張の余地を確保しておくこと」と書き込まれていました。駐車場は二八台程度、書庫の収蔵能力約二〇万冊、書庫の拡張の余地なしという図書館で働いてきた職員からすると、これまでの苦労が報われる思いでした。

県立図書館の基本的性格については

（一）　県立図書館は、全県域の県民にサービスを提供する役割を担うものである。

（二）　県立図書館は、市町村立図書館への援助を主体とし、合わせて県民の直接利用にも応ずるものとする。

と簡潔に記されていました。後は、われわれに任せてください、とでもいうような高揚した気分になったのを覚えています。

新県立図書館の構想が具体的に動き始めると、県民や市町村立図書館から、「県民の要望をしっかり聞いて県民のための図書館づくりをしてほしい」「児童サービスを実施してほしい」

「日曜開館・夜間開館にも取り組むように」「あれはだめこれもだめといった排除や禁止の考え方を取らないように」「多くの利用者のあらゆるニーズに応えてほしい」など、極めて基本的な要求が次々と出るようになってきました。県教育委員会や県の図書館職員に対して言わずにはおられない不信感があったのではないかと受け止めました。

答申に、「県立図書館の基本構想の策定及びその具体化については、推進体制を早急に確立する必要がある」とあるのを受け、県教育委員会は次年度から基本構想の策定に取り組むことになりました。この時点では誰もが県立図書館の新館計画は順調に進んでいくものと考えていました。

注

（1）岡山県総合文化センター再編整備検討委員会編『岡山県総合文化センター等の再編整備について（答申）』岡山県総合文化センター、一九八七年

（2）日本図書館協会編『市民の図書館』日本図書館協会、一九七〇年

第二章

新館計画は動かず

二つの基本構想

一九八八年三月、岡山県立美術館が当初の予定通り、県総合文化センターから五〇メートルも離れていない場所に新築開館しました。芸術文化部門で管理していた美術品などが県立美術館に引き継がれました。次は、いよいよ県立図書館の建設だぞ、と職員はみな高揚した気持ちになったのを覚えています。

「県総合文化センター再編整備検討委員会」から答申が出た翌年、一九八八年五月に「県立図書館建設準備委員会」が設置され、建設場所の選定や建物の規模・構造などについての検討に入りました。そして九月には、県立図書館基本構想の策定を日本図書館協会（施設委員会）に委託しました。どういう経緯で日本図書館協会へ委託することになったのかは知りませんが、知事は日本図書館協会へ委託したことが気に入らなかったようです。「岡山のことは、岡山でやればいい」という発言がありました。しかし、県教育委員会が知事を素通りして委託したとは考えられません。あの行き違いは何だったのか気になりました。

一九八九年一月、県教育委員会は県立図書館基本構想の中間報告を発表します。しかし、ここではまだ施設や資料、職員などについて具体的な数字は示されませんでした。地元の山陽新聞は社説（一月一七日朝刊）で、中間報告についての不満と、なぜ県民の図書館づくりをコンサルタントに委託したかが疑問だと書いています。コンサルタントの答案は、「可もなし不可もなし」が多い、「図書館のように最も身近な施設の建設にあたっては、県内の人材を選んで進める気概がほしかった」ときつい調子でした。

こうした批判を受け、県教育委員会の社会教育課長が、山陽新聞のインタビューで次のように答えています。日本図書館協会に基本構想を委託したことについては、「国内外の図書館に詳しい日本図書館協会に策定を委託した。同協会には県内の図書館の現状を視察してもらい、こちらの意見も十分に伝えています」と話しています。具体的な数字を示さなかったことについては、「最終報告で建物の規模や蔵書能力などの数字が示されるでしょう」と、また、どんな図書館を考えているのかという質問には、「県民の要求に幅広く応えられる情報センターのような図書館ですね。生涯学習の期待を担い、県民からも育ててもらえるような存在としたい。そのためにも建設に向けての意見、要望は広く、積極的に聞いていきます」と答えています。

「県図書館協会」も中間報告を受けて緊急に理事会を開き、県社会教育課へ多くの意見を伝えました。「県子ども文庫連絡会」や「倉敷子ども文庫交流会」も、知事あてに基本構想（中間報告）が後退しないようにといった要望書を提出しました。

一九八九年三月、日本図書館協会から『岡山県立図書館建設基本構想』[1]が提出されました。この基本構想には、「国内出版物のうち活字資料は少なくとも出版点数の七〇％を継続的に収集する」「県立図書館は自館の資料保存だけでなく全県的立場における資料保存図書館の役割を果たす」「職員数は六四人、主題部門別開架方式を基本とする」「開架図書冊数は三〇万冊、書庫収蔵能力を一五〇万冊とする」「図書館の延べ床面積を一万五〇〇〇㎡とする」など、現在の県立図書館の根幹部分が提案されていました。

日本図書館協会に基本構想の策定を委託したことを責める意見は多くありましたが、提出された基本構想を読んで、これはこれでよかったと思いました。県独自に基本構想の策定を進めていたとしたら、これほど大胆な提案はできなかっただろうと思います。県の図書館職員は、想像以上の図書館像をぶつけられ、みな気持ちを引き締めたようなことでした。

ところが、どうにもよく分からないのですが、日本図書館協会が提案したこの基本構想は六月まで公表されませんでした。

実際に県民が目にしたものは、県教育委員会が五月に公表した『岡山県立図書館基本構想（案）』[2]です。県立図書館のめざすべき方向や県立図書館のサービス計画など、基本的な考え方は日本図書館協会のものと大きく変わるところはありませんでしたが、いくつかの部分で明らかに大きく後退していました。

国内出版物のうち活字資料は少なくとも出版点数の七〇％を継続的に収集することを基本とする、という考え方は完全に消えていました。また、開架図書冊数は三〇万冊から一七万冊程度へ、書庫収蔵能力も一五〇万冊から一〇〇万冊へ、延べ床面積は一万五〇〇〇㎡から一万㎡へ、といずれも大きく後退したものでした。こうした点について県教育委員会は、県立図書館として平均的な規模にしたという説明でした。ただ、この時点では日本図書館協会の基本構想はまだ公表されていませんでしたので、県民には重要な部分で内容が大きく変わったことなどは知る由もありませんでした。

七月には、『岡山県における公文書館の基本構想について（答申）』[3]が出ました。そして、九月には県が旧日本銀行岡山支店（図１）の土地・建物を購入します。本館は、玄関部分のコリント式円柱が特徴で、大

図１　旧日本銀行岡山支店（現・ルネスホール）

正時代を代表する建築様式を残したものです。時期が時期だけに、購入目的が気になりましたが、敷地面積が約二八八〇㎡と狭く、主要な建物は保存するということでしたから、ほとんどの人は公文書館として活用するものと考えていたのではないでしょうか。議会の答弁で知事も県教育長も何に活用するかは明言していませんでした。

突然浮上した建設候補地

雲行きが怪しく感じられ始めたのは、一〇月二八日の山陽新聞夕刊の記事からでした。県と県教育委員会が、旧日本銀行岡山支店跡地を活用して、県立図書館と県公文書館を一緒に整備する方向で検討を始めたと報じたのです。とても信じがたいことでした。あまりにも狭い敷地です。記事でも、「本気で県民のための図書館整備を考えているのかと、真意を疑わざるを得ない」と慎重な検討を求めていました。

ところが、その半月後の一一月、信じたくない事態が起こりました。あまりに突然のことで思考回路が一時停止したほどです。旧日本銀行岡山支店跡地に県立図書館と県公文書館を建設するという岡山県立図書館・公文書館建設試案（図２）が公表されたのです。県議会総務委員会や文教委員会でも敷地の狭さを心配する意見が次々と出ましたが、事務局は、まったく問題はないと答えています。

　旧日本銀行岡山支店を覆うように地下二階、地上一一階の建物をつくるというものです。延べ床面積は一万四〇〇〇㎡、資料収蔵能力一〇〇万冊。地下一階と地上一～四階が書庫、五、六階は吹き抜け、七～一〇階が図書館、一一階が公文書館という計画になっています。駐車場は地下二階で五〇台収容。工事費は四、五〇億円で、一九九二年春の開館を目指すとなっています。

　旧日本銀行岡山支店跡地を建設地とした理由について、県と県教育委員会は、「日銀跡地は市街地中心部で、交通が便利。図書館として県民が利用しやすい。県庁に近く、公文書館として

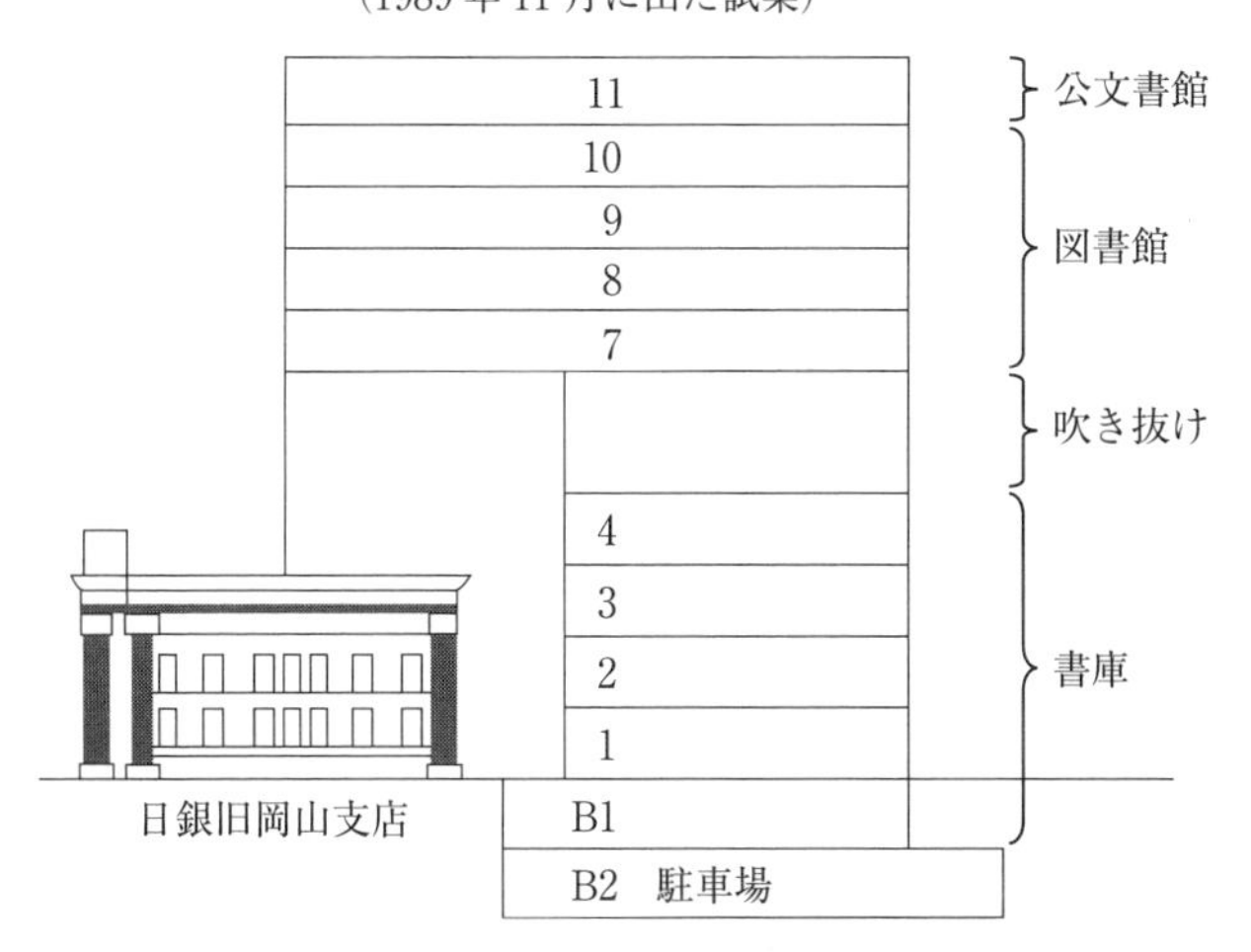

図2　岡山県立図書館・公文書館建設試案
（新聞記事から、「岡山県立図書館・公文書館建設試案」より）

も適地。両施設とも県民の文化遺産を守り伝え、情報資源として社会のために役立てる共通目的があるため、複合施設にしたい」と話しています。

先の『岡山県総合文化センター等の再編整備について（答申）』には、図書館部門については、「県立図書館として独立させるべきである」、建物の設置環境についても、「交通の至便なところで、十分な駐車場のスペースを持った敷地を確保すること」、図書資料の収蔵施設については、「当面、蔵書一〇〇万冊以上とし、将来拡張の余地を確保しておくこと」と書き込まれていました。突然、提出された建設試案は、答申の考え方を見事に裏切ったものになっていました。

旧日本銀行岡山支店跡地を購入した県が、その使い道をどうするか検討する段階で、都合よく、いま計画が進んでいる県立図書館と県公文書館を当てはめて理由をひねり出したとしか考えられません。県教育委員会では、それまで建設候補地として複数個所を考えていたと聞いていますが、それらと比較しても旧日本銀行岡山支店跡地は条件が悪い場所だったのではなかったでしょうか。

それにしても、県立図書館の建設といえば大きな事業です。慎重な判断が求められるはずです。普通に考えれば、あの狭い敷地に建設することは無理かな、とは誰でも思うのではないでしょうか。二一世紀という新時代に、県民の知る自由や読書する自由を支えていく県立図書館を、いったい誰が、あの場所で建設可能だとお墨付きを与えたのでしょう。知事は、議会で県教育委員会と一緒に総合的に判断したと答弁していますが、県と県教育委員会がそろってあの狭い敷地での新県立図書館建設をなぜ選択したのかいまだに不思議でなりません。

県立図書館・公文書館建設試案は、図書館関係者はもちろん、多くの県民から、さらに報道機関からも強い批判にさらされることになります。その日を境に、県立図書館問題は大きな社会問題になっていきました。

翌年の一月には、図書館員・県民・ボランティアなどが、「新県立図書館を考える会」を立ち上げ、厳しい反対運動を展開します。この後、約八年間、期待していた新県立図書館建設は迷走を続けることになったのです。

トップダウンの危うさ

知事は、手詰りを打開しようと議会でも他の場所でも積極的に自己の図書館論を展開しました。一九九〇年三月の議会では、「岡山県で唯一の図書館、二一世紀の岡山の人づくりのために役立つ図書館、また岡山県の知識や頭脳集積を支援できるような図書館でなければならないと考えておるわけでございまして、そういう意味では高度な調査研究、学術研究に耐えることのできる、いわばグレードの高い図書館であることが、これからの岡山県にとっては極めて重要であると考えております」と答弁し、グレードの高い図書館という言葉が多くの反発を招くことになりました。

また、「新県立図書館を考える会」や「県子ども文庫連絡会」の代表者とも、三月に非公式な会談を行いますが、そこでの発言が火に油を注ぐ結果になったのは皮肉でもありました。特に、児童サービスについての知事の次のような発言は、子ども文庫関係者から猛反発を受けることになります。

「女、子どもの来る図書館ではない。子どもは市町村で子ども用図書館を作ればよい。子どもはいつまでも子どもではない。大人になったとき役に立つもの、グレードの高いものを作る。ハイグレードでも絵本は買わない。楽しい読書などやっていては人間がダメになる。文庫をやる人は自分で買ってやりなさい」（『別冊みんなの図書館　誰のための県立図書館』図書館問題研究会、一九九一年から）。

トップダウンによる意思決定は、最初の意思が方向を誤っていた場合、取り返しがつかないことになります。新県立図書館の場合でいえば、まず建設予定地の選定の誤り。延べ床面積（一万四〇〇〇㎡）に対して敷地面積（約二八八〇㎡）があまりにも狭すぎます。これでは閲覧室が複数の階（建設試案では閲覧室が四層に、書庫が五層に、しかも中間階が吹き抜け）に分断され、利用者にとっても職員にとっても使いにくい図書館になってしまいます。誰かが、「広いワンフロアーは移動距離が長く使いにくいが、高層での狭い閲覧室の重なりはエレベーターでの上下移動だから距離も短く使いやすい」などと発言していましたが、そういうものではありません。また、新県立図書館の機能について、すでに二月に公表されていた『岡山県立図書館・公文書館建設基本計画（案）』[4]ではまだ個別のサービス内容の詳細については記述していないにもかかわらず、知事や県教育長が先頭に立って、「グレードの高い図書館」だの「女、子どもの来る図書館ではない」だのと、議会などで自由に発言するものですから、その考え方が行政内で固定されてしまいました。トップの発言ですから、なかったことにすることはまずできない相談です。知事は、かたくなに自分の考えに固執していきます。

似たような事例が最近の指定管理者制度の導入に際しても起こっています。自治体の首長のトップダウンで指定管理者制度の導入や、指定管理者を決めてしまうというケースです。佐賀県武雄市の市長が新市立図書館の運営を㈱ＣＣＣに任せた事例、県内の新高梁市図書館の場合も同様でした。

結局、新県立図書館は、一九九六年一〇月に知事が退任するまで新しい局面には入っていけませんでした。県民は、知事の判断を最後まで許さなかったのです。

その間、建設に向けての前向きな動きは一切出てこなかったわけですが、この期間が無駄な時間だったかといえばそうではなく、意味のある時間であったともいえるのではないでしょうか。何と、新県立図書館を巡る新聞記事は答申が出てから七年間で三〇〇回以上を数えます。テレビ報道も加えると驚くべき数字になっていたと思います。記事内容から、県の新館計画が県民の考え方といかにずれていたかがよく分かります。山陽新聞は五回も社説で取り上げました。新県立図書館の記事を読まない日はないといった状況でした。また、議会においても議員と知事や県教育長の間で頻繁に議論されました。はじめの内こそ、ぎこちない議論もありましたが、回数を重ねるうちにかなり核心に触れた深い議論が展開されるようになりました。きっと県民の多くが県立図書館について考えるよい機会になったのではないでしょうか。誰にとっても苦しい期間でしたが、それだけに県立図書館は県民みんなの図書館であり、その果たすべき役割が何であるかをみんなで共有できたように思います。

「新県立図書館を考える会」が発足してから、県が強引にすすめた旧日本銀行岡山支店跡地での建設が断念されるまでの約八年間の詳細な経緯については、『岡山県立図書館―抵抗と再生の記録―』[5]にまとめていますので参考にしてください。

建設準備室

新県立図書館建設が社会問題化してきていた一九九一年八月に、県社会教育課に新館建設準備の仕事で席を置くことになりました。困りました。本当に困りました。旧日本銀行岡山支店跡地への建設には反対でした。建設予定地の変更こそが、いま求められる最良の判断だと考えていました。一九八九年一一月に公表された県立図書館・公文書館建設構想試案で広がった反対運動のことを考えると憂鬱でした。県民の意に沿わない計画を推進する仕事が可能だろうか。仲間の司書の足を引っぱる仕事ができるのかなどと、なかなか気持ちの整理がつかないいまの異動でした。

図書館担当は当初二人体制でした。その後すぐに文書館との複合施設ということで、文書館の担当二人と県立図書館の担当三人で準備室をあずかることになりました。

この年の二月に、県立図書館・公文書館の基本設計は委託されていました。設計には東京芸術劇場や岡山シンフォニーホールを手がけた東京の芦原建築設計事務所があたりました。二月委託、三月末に完成。五月には実施設計を委託し、一九九三年四月に開館というスケジュールでした。ところが、すぐにでも公表される予定の基本設計でしたが、旧日本銀行岡山支店本館の老朽化に伴う保存や利用の在り方の検討で大幅に遅れることになりました。

この間、実施設計に向けて、設計者と十分話し合う時間が持てました。図面を前に、図書館の各階への主題部門の配置やカウンターの位置、書架の大まかなレイアウトなどを検討し、設計事務所と何度も打合せを重ねました。ただ、この設計図面が活かされる可能性は低いものでしたし、活かされることが望ましいとも思えませんでしたので辛い作業になりました。今は幻の図面ですが、地下一階に若者が集まれる「スタジオ」と「円形対話室」があったのを覚えています。

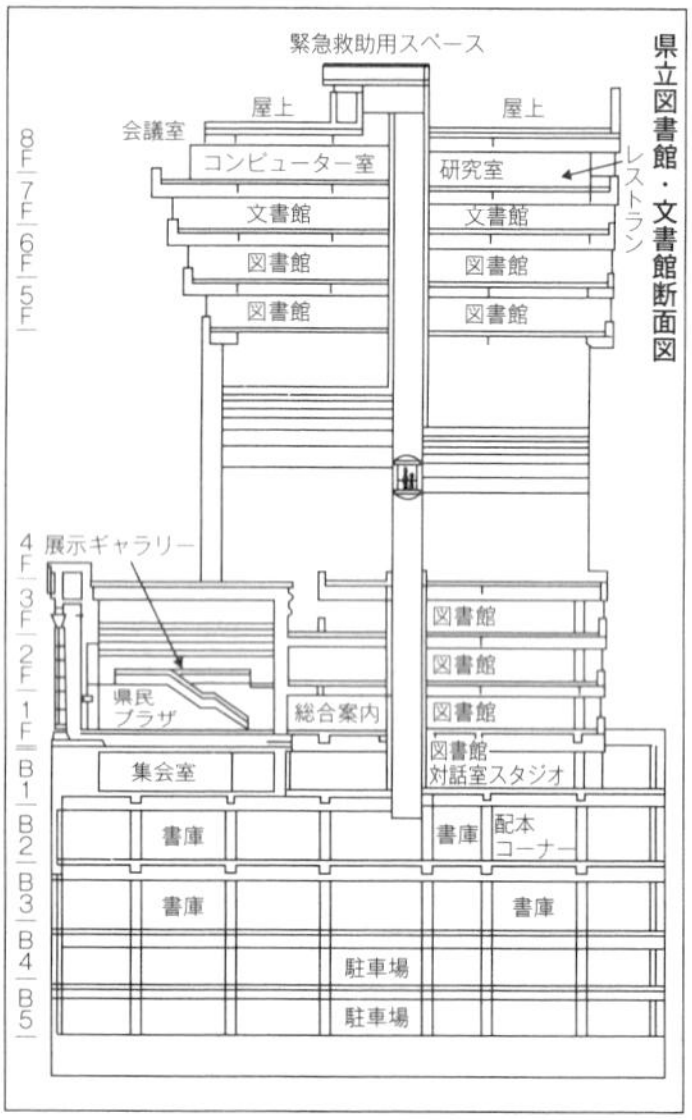

図３　岡山県立図書館・文書館基本設計（1993 年１月）

若者のことは若者に任せたらいい、彼ら自身が自由に集まれて、自由に語り合える場を提供すれば、おのずと新しい文化は育つという知事の考え方が反映したものでした。最近話題になっている東京の武蔵野プレイスを見学したとき、同じような若者の場が実現していたのに驚きました。

県立図書館・文書館基本設計（図3）の公表は二年近く遅れて一九九三年一月でした。そのため開館予定年も一九九七年秋頃と大幅な変更となりました。地上八階、地下五階の高層構造で、延べ床面積は二万七〇〇〇㎡にまで拡大していました。開架図書二二万冊、書庫収容能力一〇〇万冊を確保するというものです。総事業費は約一七〇億円と当初予定の二倍近くになっていました。

釈然としない気持ちで仕事に携わっていましたが、いろいろな声が耳に入ってきます。多かったのは、反対している人の気持ちも分かるが、県総合文化センターの現状を考えれば新館が建つだけでも大きな前進じゃないのか、理想的な県立図書館は次の段階で考えればいいという声でした。しかし、図書館は一度建設されるとおいそれとは次の建設に向かうことはできません。収蔵能力に問題があり、全体的に使い勝手の悪い施設を、短くても三〇年、四〇年と維持しなければいけません。そのことの辛さは、これまでいやというほど経験してきました。図面に書架を何度も何度も書き込みながら、一九九〇年に公表した県立図書館・公文書館建設基本計画（案）の内容（開架図書一七万冊、閲覧席四〇〇席、書庫収蔵能力一〇〇万冊）を確保することは極めて難しいことは分かっていました。早晩行き詰るのは目に見えています。

基本設計が公表されたことで、新県立図書館建設問題も一段落したという空気が一部には広がった感もありましたが、完成図面を見てこれはやはり建設地の変更しかないなと強く思いました。

その後、実施設計に向けての準備もありましたが、どうにも内側に住み着いた空虚感が払拭できません。心の平衡を保つために多くの本を読みました。図書館関係の本では、『移動図書館ひまわり号』[6]『われらの図書館』[7]など、前川恒雄さんの著作には力をもらいました。現場を理論化し、理論を実践の中で鍛える。理論と実践の自由な往来が図書館論を豊かなものにしています。またしては崩れようとする精神面のバランスを何とか保つことができました。

精神的にきつい状態でしたが、次の二つのことがモチベーションにつながっていました。

一つは、『県総合文化センター等の再編整備について（答申）』が出た一九八七年から、新県立図書館に向けて新しい司書を毎年採用していたのですが、何としてもみんなに活躍できる場を必ずつくるんだという気持ちでした。

もう一つは、当時の県総合文化センターは他県と比べて活動内容が極めて低調でした。新県立図書館では、県民が望む、市町村立図書館が期待する本来の県立図書館活動をとことんやるんだという覚悟でした。この二つが先の見えない状況の中で大きな支えになっていました。

実施設計は一九九三年五月にやはり東京の芦原建築設計事務所に委託しました。しかし、一九九四年二月、次年度の当初予算に建設費の計上は見送られました。理由は、財政事情が厳しいということでしたが、本音の部分では、議会や県民、団体、マスコミなどの建設予定地の変更を求める声に抗しきれないという判断があったからではないでしょうか。

新県立図書館建設の見通しがまったく立たなくなったことで、三月には建設準備室も閉鎖することになりました。濃い仕事内容でしたが、先に希望が見えなかっただけに精神的にはきつい三年間でした。気持ちの整理がつかないまま県総合文化センターに戻ることになります。

建設予定地が旧日本銀行岡山支店跡地という最悪の事態さえ回避できていたら、新県立図書館は一九九三年頃には建設されていたのではないでしょうか。本来、図書館建設は地域住民から歓迎こそされ、反対されるような事業ではありません。安易なトップダウンでの計画の推進と、行政の硬直化がいかに危険であるかを強く教えられた期間でもありました。

注

（1）日本図書館協会編『岡山県立図書館建設基本構想』日本図書館協会、一九八九年

（2）岡山県教育委員会編『岡山県立図書館基本構想（案）』岡山県教育委員会、一九八九年

（3）岡山県公文書館構想検討委員会編『岡山県における公文書館の基本構想について（答申）』岡山県公文書館構想検討委員会、一九八九年

（4）岡山県・岡山県教育委員会編『岡山県立図書館・公文書館建設基本計画（案）』岡山県・岡山県教育委員会、一九九〇年

（5）菱川廣光編著『岡山県立図書館―抵抗と再生の記録―』日本文教出版、二〇一四年

（6）前川恒雄『移動図書館ひまわり号』筑摩書房、一九八八年

（7）前川恒雄『われらの図書館』筑摩書房、一九八七年

第三章

待ってばかりじゃいられない

一九九四年三月、建設費が見送られたことを受け建設準備室も閉鎖することが決まりました。設計図面や関係書類の整理に追われました。相当な量になりましたが、旧日本銀行岡山支店本館に一時保管することになりました。それらの資料が二度と日の目を見ることはないのは明らかでした。この三年間はいったい何だったのか。資料の重みが余計に気持ちを萎えさせました。誰に対してか、自分に対してか、無性に腹が立ってなりませんでした。

部屋を去るとき上司から、「しばらくはつらいだろうが、多くを語らずがまんするように」と助言がありました。県民や図書館関係者らが反対する旧日本銀行岡山支店跡地での新県立図書館建設を進める仕事に携わってきたわけで、厳しい立場に置かれるかもしれないと心配してくださったのだろうと思います。

今できることは

一九九四年四月から、県総合文化センターの図書館部門に復帰しました。職員は、新県立図書館建設が宙ぶらりんの状態になったことでモチベーションも下がっていました。また、県社会教育課との兼務が続いており、図書館の実務からは少し離れていたので自由な立場でこれからの図書館部門のことをじっくり考えることができました。

すでに、一九八七年度から新館に備えて正規司書の採用（初年度二名、以降毎年複数人採用）を始めていました。一九九〇年度からは資料の緊急整備と、コンピュータシステム導入の準備作業として図書館資料へバーコードラベルの貼付や、マーク（機械可読目録）とのヒット作業も進めていました。ただ、コンピュータシステムの導入や市町村立図書館とのネットワークの構築などは新館計画の中で考える予定でした。

しかし、新館建設がズルズル先へ延び、今では見通しさえ立たない状態です。図書館部門が抱えている課題をいつまでも放っておくわけにもいきません。インターネット社会が広がりを見せており、県内市町村立図書館とのネットワークの要としての県総合文化センターの役割は重要になっていました。

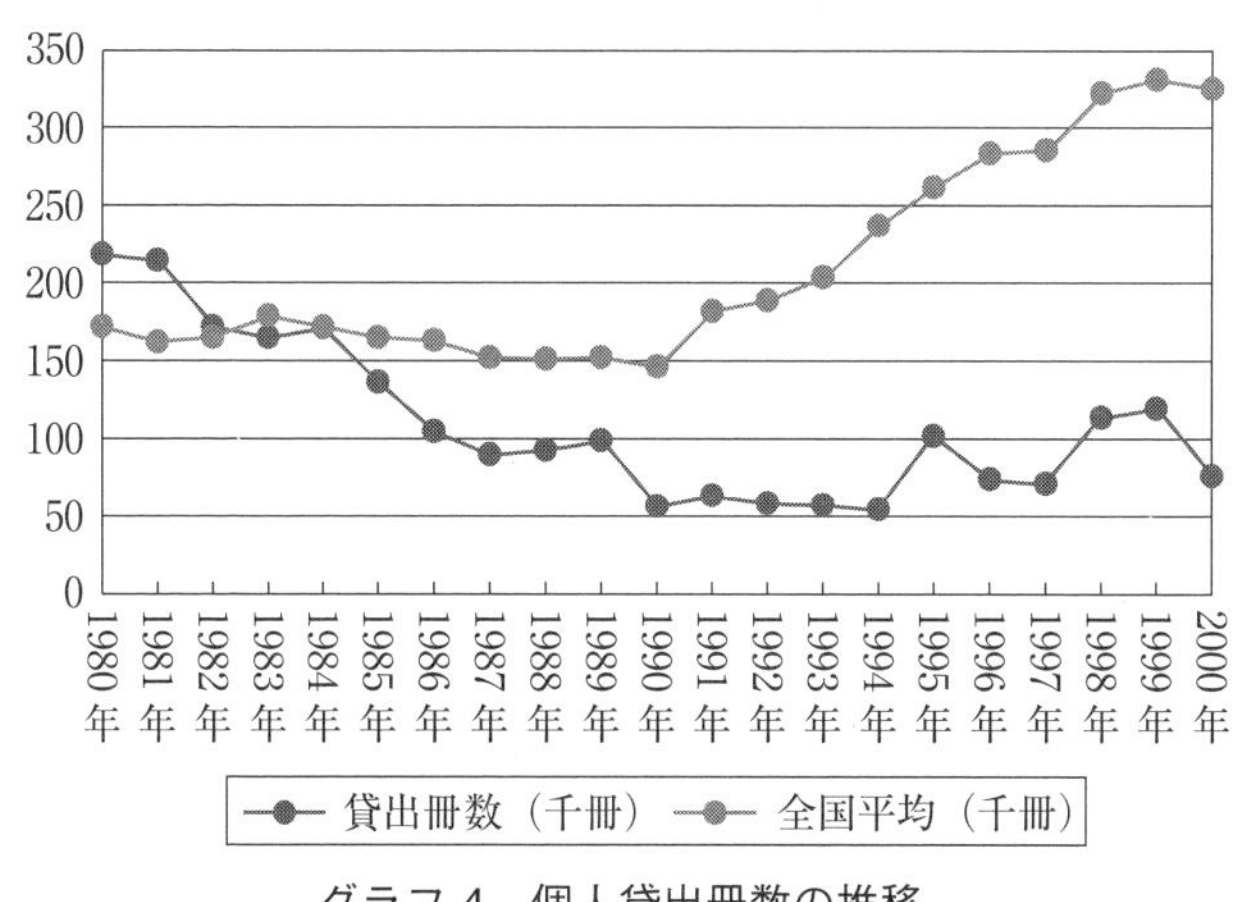

グラフ４　個人貸出冊数の推移

グラフ4（再掲）は、県総合文化センターの個人貸出冊数の推移です。当時、一〇万冊を切り、あえいでいるのが分かります、全国の平均値が順調に上昇しているのとは対照的です。

建設計画が見通せなくなったことで、新館ができるのを待ってという考えでは低迷している業務の変革はできません。今できるところからという考えに切り替える必要がありました。

コンピュータシステムの導入

ある日、館長から、「もう新館を待てない。何から取り組んでいけばいいか」という課題を出されました。コンピュータシステムの開発なら今からでも可能と思われたので、それを進言しました。滋賀県立図書館が一九八五年に県立図書館として最初のコンピュータシステムを導入して約一〇年、すでに三二の都道府県立図書館（六八％）で稼働する状況になっていました。中国五県では岡山県だけが未導入でした。遅れてはいましたが、すでに導入準備として資料へバーコードラベルを貼付したり、既存図書のマークとのヒット作業も進めたりしていましたから問題はありません。館長の了解も得られ、次年度の予算要求も認められ、開発に向けスタートを切ることができました。ただ、新県立図書館のための開発の前倒しでしたから規模をかなり縮小したシステムとなりました。

それまで県内の市立図書館でも導入が次々と進んでおり、職員研修でもコンピュータシステムを介してのサービスのありようが議論されることも多く、県の司書は肩身の狭い思いをしてきました。システム開発への取り組みは、新館建設の迷走で下がり続けていたモチベーションを上向きに転換する一つのきっかけになりました。

当時は、すでに図書館業務用のパッケージシステムが複数開発されており、それを応用することにしました。若手の職員を中心にシステム担当者を構成し、まず、図書館業務の大胆な見直しから始めました。県総合文化センターがスタートして三〇数年の間に、業務内容が複雑化しており、何のための仕事か、何のための統計か、うまく説明できないようなものも混在していました。

システム開発にあたっては、まず仕事内容を合理的に再構築する必要があります。そのとき、現場とシステム担当者の間で多くの混乱や衝突もありました。通常の場合なら会議を重ね、職員の了解を得ながら進めていくわけですが、時間の制約もあったので、みんなの了解を得ながらといった手法は難しいと判断せざるを得ませんでした。開発に携わるシステム担当者の裁量を優先しました。そのため、当時の上司には失礼なことをたくさんしてしまったように思います。

システム担当者は休日出勤を初め、毎日、遅くまでの残業を強いられました。現場の職員からは常に理想形を求められます。しかし、創り上げるシステムは図書館が成長する一時期の姿ですので妥協もせざるを得ません。その辺りが理解されないとシステム開発に携わる職員は厳しい立場に置かれます。

システム開発に要した約二年間は、県総合文化センターが市町村立図書館支援のため、また直接県民のためにどのように仕事を進めていくべきかを集中的に学んだ期間でした。この時の成果は、新県立図書館のサービス計画にも活かすことができました。

コンピュータシステムは一九九六年三月に無事に稼働しました。たかがコンピュータ、されどコンピュータです。単なる道具ではありますが、魔法のボックスのようなもので、仕事内容が一変しました。閲覧室入口のホールの大部分を占めていたカード目録が消え、こぢんまりしたOPAC(1)三台に置き換わったのは衝撃的でした。少し遅れて、県内市町村立図書館へのオンライン情報提供システムも完成しました。図書の検索と予約、他に新刊図書情報の検索もできるというものでした。県内図書館の総合目録にはまだ時間が必要でしたが、県総合文化センターの所蔵情報だけでも、電話ではなく、市町村立図書館の専用端末で簡単に、素早く検索できるようになったわけですから大きな前進です。

コンピュータシステムの導入により、資料の受け入れ処理も早くなり新刊図書を素早く提供できるようになったこと、資料の検索や貸出・返却処理が的確・迅速にできるようになったこと、市町村立図書館からオンラインでの検索・予約が可能になったこと、また新館用に購入し箱詰めしていた図書四万冊を利用できるようにしたこと、コンピュータの導入に伴い貸出限度冊数を四冊から八冊に増やしたことなどの効果はすぐに現れ、グラフ5で分かるように県民への個人貸出しや、市町村立図書館への協力貸出しに変化が出てきました。

しかし、いかんせん資料の大半を占める書庫資料が数か所の部屋や分室に分散しています。分室に至っては車で一〇分くらいの距離があり、一日に二、三回しか要求資料の受け取りにいけません。とても利用者に迅速な資料提供というわけにはいきませんでした。コンピュータシステムの導入も一時のカンフル剤にはなりましたが、利用者に信頼してもら

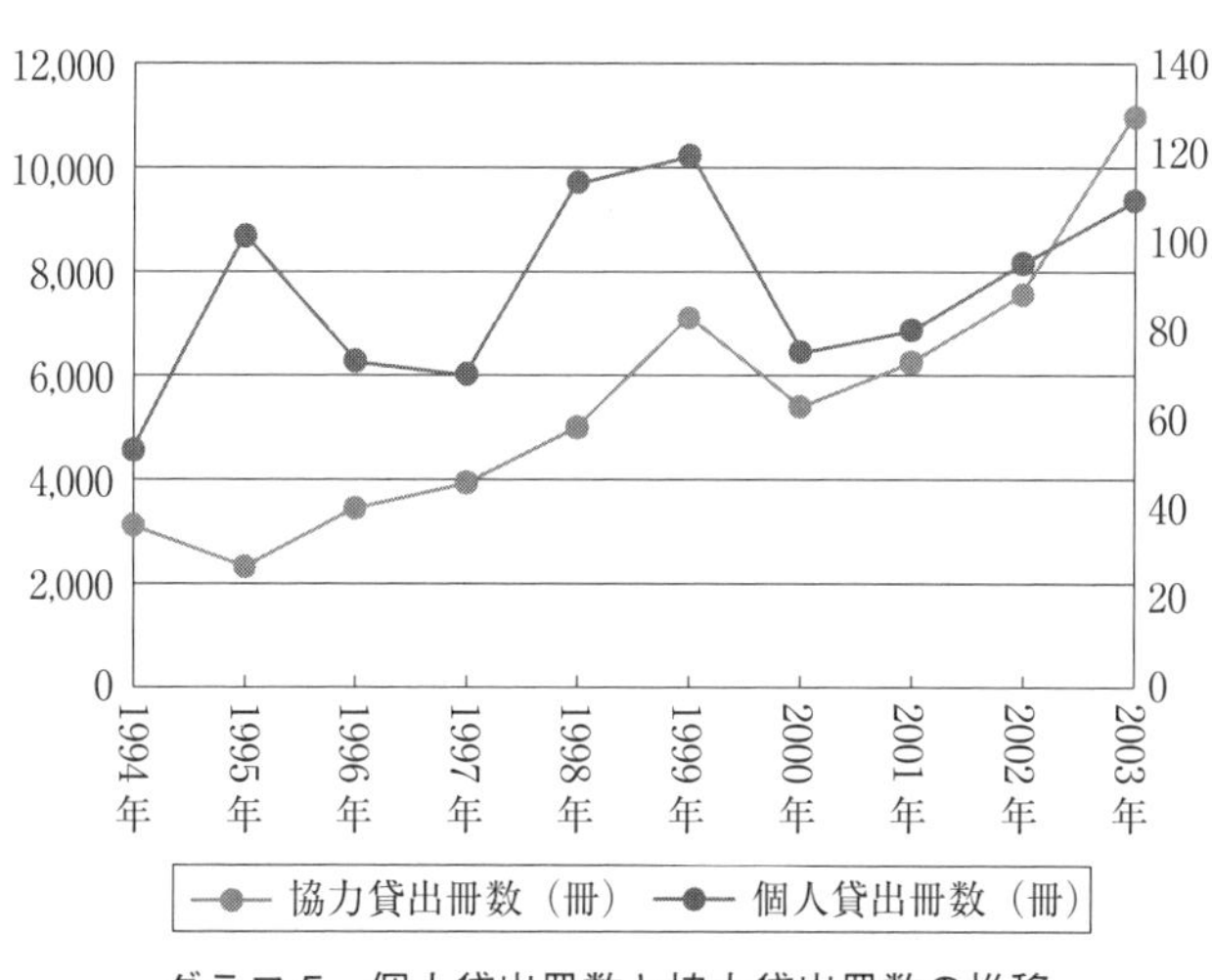

グラフ5　個人貸出冊数と協力貸出冊数の推移

える図書館には、まだまだ遠いものでした。ただ、市町村立図書館支援の協力貸出冊数は、オンラインネットワークの整備と新館用に購入していた四万冊が利用可能になったことで順調に伸びていきました。

新館建設問題はストップしたままでしたが、コンピュータシステムの導入と市町村立図書館支援の改善で少し明かりが見えてきたように思えました。

デジタル岡山大百科

コンピュータシステムの稼働とほぼ同じくして、一九九六年四月から岡山情報ハイウェイ構想がスタートします。これは、「インターネット技術を活用し、県内全域を対象とした情報通信ネットワークを構築し、誰でも自由に参加できる環境を提供するという、いわば県民イントラネットを構築しようとするもので、これにより、県民や県内の個人・団体はお互いにさまざまな情報をやり取りすることができるようになります。もちろん、インターネットにより県外、海外とも自由な情報交換や交流が可能となることから、最新の情報通信技術の導入による情報先進県を目指すことにもつながります」（県庁情報政策課ホームページから）というもので、岡山県の目玉事業に位置付けられ、全国に先駆けた取り組みでした。

この構想の中で、さまざまな実験が行われました。「県高度情報化実験推進協議会」が設立され、高度情報化モデル実験事業（一九九六年～一九九八年の三か年）が始まりました。

インターネット社会の進展で電子図書館という考え方が現実味を帯びていました。新県立図書館でも、メディアセンターという位置づけで電子図書館を考えていました。そこで、県総合文化センターもこの実験事業に参加するために、「電子図書館ネットワーク研究会」を立ち上げました。この研究会は、モデル実験事業のワーキンググループに認定され、実験テーマ「岡山県電子図書館ネットワークシステム」の研究を始めました。県民の豊かな情報生活の実現に電子図書館ネットワークシステムが果たす役割について研究するというものです。この研究会の構成メンバーは、県総合文化センター・倉敷市立中央図書館・久世町立図書館からなる公立図書館、岡山情報処理センター・システムズナカシマ・日本電気・富士通・富士通岡山エンジニアリングからなるシステム開発会社、そして山陽放送でした。

研究会では、「あなたの町・わたしの村のデジタル大百科」と名付けた画像情報提供システムと分散型総合目録システムを主テーマに据えました。

画像情報提供システムは、岡山に関する情報をテキストと画像で作成し、場合によっては資料の目次、あるいは内容まで読むことができるように、また調査研究できるようにして、デジタル版の岡山大百科事典を目指すものです。

分散型総合目録システムは、県内公立図書館をオンラインで結び蔵書がインターネット上で一元的に検索できる総合目録です。利用者は、インターネット端末から時間や場所の制約を受けることなく、全公立図書館の資料が検索でき、図書館サービスの大幅な向上が見込まれます。

初年度は、電子図書館ネットワークシステムの調査研究を行い、二年度には、デジタル岡山大百科という実験テーマで、「地図で見る岡山県変遷史」「おかやま人物往来」「県総合文化センターニュース」をコンテンツ化し、電子図書館ネットワーク研究会のホームページ上で公開しました。当初は、県総合文化センター、倉敷市立中央図書館、久世町立図書館のサーバと接続していく予定でしたが、倉敷市と久世町でサーバの立ち上げが見込めず、県総合文化センター単独で情報を公開することになりました。

最終年度の実験テーマは総合目録機能です。県総合文化センター、倉敷市立中央図書館、久世町立図書館との間で分散型総合目録システムを構築し、将来の県内図書館分散型総合目録ネットワークシステムの可能性を実験するものでした。

この実験でも、倉敷市と久世町のサーバの問題から複数館での実験が困難になったため、図書館ネットワークの要となる県総合文化センターの蔵書をまずホームページ上で公開しました。

県高度情報化モデル実験での成果、分散型総合目録システムと画像情報提供システムの考え方は、一九九九年度の『岡山県立図書館基本計画』[2]に盛り込まれました。その後、倉敷市立中央図書館、岡山市立中央図書館とのギガビットネットワーク実験（放送・通信機構ＴＡＯが設置するギガビットネットワークを利用した研究実験）での推進、岡山大学や筑波大学知的コミュニティ基盤研究センターとのデジタル資料の共同研究等で多数の検討を繰り返していきました。

岡山県は、岡山情報ハイウェイという自前の高速情報網を整備するわけですが、県庁全課がホームページを開設することはもちろん、他によいコンテンツはないかと考えていたところでしたから、県総合文化センターの電子図書館ネットワークシステムは時宜を得たコンテンツといえました。

この研究会での成果が、新県立図館では、岡山県図書館横断検索システム、郷土情報ネットワークと、それぞれ名前を変えてシステム構築されました。この二つにレファレンスデータベースを加えて、現在のデジタル岡山大百科という電子図書館機能の枠組みが完成したのです。

新県立図書館では、さらに規模の大きいシステムや電子図書館に成長していくだろうと考えられました。また、インターネット社会も確実に大きな広がりを見せているところでした。新しい社会では、ＳＥと司書の業務の境界も変わってくると予想されましたので、システム開発会社のＮＴＴデータにお願いして、若手職員を一年間派遣して研修を受けさせるということにも取り組みました。

児童サービス担当職員の養成

もう一つ、新県立図書館に向けスタートしたことがあります。児童サービス担当職員の養成です。

県総合文化センターでは児童サービスを実施していませんでした。子ども文庫関係者や県民から、また市町村立図書館からも児童サービスへの取り組みを強く要望されていました。知事は、議会や非公式な会談で、「女、子どもの来る図書館ではない。ハイグレードでも絵本は買わない」などと、子どもたちへの直接サービスについては否定していましたが、『岡山県総合文化センター等の再編整備について（答申）』（一九八七年）や『岡山県立図書館基本構想（案）』（一九八九年）『岡山県立図書館・公文書館建設基本計画（案）』（一九九〇年）などにそんなことは書かれていません。また県民や市町村立図書館の要望からしてもそうなるはずがありません。現場では、児童サービスの実施に備えて準備に取り掛かりました。しかし、これまで児童サービスを経験した司書はいませんし、もちろんノウハウの蓄積もありません。一朝一夕にできるようなものではありませんから、倉敷市立中央図書館にお願いして担当者の養成に力を貸してもらうことになりました。

一九九四年四月から毎年一名、児童サービスを担当してほしい司書を倉敷市立中央図書館へ派遣し、一年間児童コーナーで実務研修をしてもらいました。同時に、倉敷市立中央図書館からも司書を一名派遣してもらい、県総合文化センターで県立図書館の業務内容について研修してもらいました。この児童サービスの研修は四年間続き、四人の司書を育ててもらいました。児童サービスの実務研修としての人事交流は四年で終了しましたが、その後も三年間、一般研修として職員の相互派遣は続けられました。倉敷市立中央図書館だけでなく、岡山市立中央図書館とも二年間人事交流を行いました。

岡山県では、県教育委員会に司書として採用されると、原則として県総合文化センターと県立高等学校図書館以外の職場への異動はありません。それはそれでいいのですが、長い目で見ると人事的には停滞感が伴わざるを得ないところがあります。倉敷市や岡山市との人事交流は、業務への向き合い方、接客態度など多くの面で県の司書によい影響がありました。これまでも県総合文化センターで市町村立図書館の司書が短期に研修することはありましたが、県の司書と市町村の司書が年間単位で相互研修をするというケースはありませんでした。自治体を超えたダイナミックな人事交流は多くの成果が期待できると実感しましたので、今回の事例が自治体間の人事異動という形で発展しないかと期待をしましたが、残念ながら長く継続することができませんでした。

新県立図書館で児童サービスに携わってほしい司書には、倉敷市立中央図書館での一年間にわたる実務研修の他に、自主的な研修はもちろん、県内外の児童サービスに関する各種の研修会、講習会等へも積極的に参加してもらい、資質・能力の向上に努めてもらいました。また、市町村立図書館や「県子ども文庫連絡会」「県朗読技術友の会」「ストーリーテリング研究会」からも多くの助言をもらいました。得られた成果は新県立図書館の児童資料部門のサービス計画や児童資料の選定、児童コーナーの設計等に活かしてもらうことができました。

注

（1）ＯＰＡＣ（Online Public Access Catalog）オパック、オンライン蔵書目録。

（2）岡山県教育委員会編『岡山県立図書館基本計画』岡山県教育委員会、一九九九年

第四章

新しい風が吹く

建設予定地の見直し

一九八九年一一月に県立図書館・公文書館建設試案が公表されてから約七年、実施設計まで進んだ建設計画でしたが、建設予定地のあまりの狭隘さ（約二八八〇㎡）や、知事の独自な図書館観（グレードの高い図書館、女・子どもの来る図書館ではない）などから、建設計画の変更を求める反対運動は止むことなく、県もついに建設費の予算確保はあきらめざるを得ませんでした。県立図書館建設計画を巡る動きは、そのまま膠着状態に陥り、議会では、「新県立図書館の建設については、賛否両論多くの論議を呼びながら、今ではどこに消えたのか、そのうわさすら聞かなくなってしまった」と皮肉られるほどでした。県教育委員会では設計見直しなどを細々と続けていましたが、知事は退任時期が近く、任期中に県立図書館建設問題を解決しようとは考えていなかったようで、問題を残したまま一九九六年一〇月に退きます。

新知事に交代（一九九六年一〇月）したことで再び県立図書館建設問題がクローズアップされます。議会では、その問題についての矢継ぎ早の質問が続き、知事は、県教育委員会が検討している旧日本銀行岡山支店跡地での縮小案をしばらく待ちたいと、慎重な答弁をしていました。しかし、一九九七年一〇月に「県行財政改革懇談会」から、新県立図書館については、「場所変更も視野に入れ、当面三か年凍結」という答申が出ると、その年の一二月議会で「県民も基本的な見直しを求めている。凍結期間中において、建設場所を変更し、新たな場所での生涯学習時代にふさわしい県立図書館の建設に向け、新しい基本計画等を検討していく必要がある」と、ついに旧日本銀行岡山支店跡地での建設を変更し、基本計画等も新たに見直す方針を明らかにしたのでした。

前知事が最後までこだわった旧日本銀行岡山支店跡地から、八年目にしてやっと解放されることになりました。しかも基本計画等も再検討するということですから、これまでの児童サービスを巡る問題、新県立図書館の役割などについても軌道修正が可能になったわけです。六期にわたる旧体制が終焉して、やっと県民や図書館関係者の意見が受け入れられました。

行政の意志で、もっと早い時期に建設地の変更を含む計画の見直しはできなかったのか。旧日本銀行岡山支店跡地での基本設計等に要した費用や人のことを考えると、いったいだれがその責任を負うべきなのでしょう。行政の硬直化には想像を絶するものがありました。

基本構想の再編

一九九八年四月、県教育委員会は教育長の諮問機関となる「岡山県立図書館基本構想策定委員会」の設置を発表しました。策定委員会では八月末までに二一世紀にふさわしい新県立図書館について構想をまとめることになりました。

策定委員会は、谷口澄夫氏（倉敷芸術科学大学長）を委員長に、副委員長には萩原芳身（岡山市立中央図書館長）、起草委員に木村宏（岡山理科大学教授）、塩見昇（大阪教育大学教授）、原田勝（図書館情報大学教授）の各氏、その他八名の一三名で構成されました。

策定委員会は、「県立図書館の基本的性格について」「県立図書館としての機能について」「県立図書館の規模及び構造について」「その他関連する事項について」の諮問を受けました。

仕切り直しということで、白紙から新県立図書館建設についての検討が始まりましたが、前回のように建設準備室は設置されず、県生涯学習課の担当者と県総合文化センターの数名で事務局を構成することになりました。今回は、策定委員会が基本構想を検討する上で必要になる参考資料の作成を指示されましたが、何としてもよい県立図書館にしたい一心で取り組めました。

県総合文化センターが施設面、設備面、サービス面、いずれにおいても限界にあった状況で、望ましい県立図書館像を構築する機会に参加できることで気持ちは高揚しました。特に、「新刊図書の七〇％程度の継続的収集」「主題部門別制の導入」「県内公立図書館ネットワークシステムの構築」「資料保存センターとしての位置づけ」などのイメージが大きく広がっていたので資料作りにはおのずと力が入りました。

旧日本銀行岡山支店跡地での建設計画を、不本意ながら推進した立場にあったものとして深く反省し、県民のための図書館を必ず実現するんだと言い聞かせたようなことでした。しかし、同時に大きなプレッシャーも感じていました。これまで県に向けられていた県民や図書館関係者の大きな怒りが、これからはさらに大きな期待となって押し寄せてくるのは目に見えていました。決して失敗は許されません。

策定委員会の第一回会議が四月に開かれました。八月までに四回の委員会を開き基本構想をまとめることになりました。第二回会議が終わった頃、大きな動きがありました。建設地が、生徒数の減少から統廃合で廃校になる岡山市立丸之内中学校跡地に決まったのです。県庁のすぐ前です。敷地は一万三〇〇〇㎡で、当時の地価から四二億円程度と見込まれていました。

県がこれまでかたくなに譲らなかった建設候補地・旧日本銀行岡山支店跡地から、これで本当に解放されることになりました。委員長の谷口氏は、「建設場所は委員会発足時から最大のテーマ。周辺には岡山城、後楽園があって、文化施設にふさわしい環境。県民の理解も得られるのでは」と新聞にコメントしています。市立丸之内中学校跡地に決定した経緯を巡って少し議論がありましたが、県民、図書館関係者の大方の賛同を得て新県立図書館建設は大きく踏み出すことになりました。

六月議会では、知事はさらに踏み込んで、新県立図書館は単独の図書館として整備したいと意見表明します。このことで策定委員会にも熱が入りました。第三回会議を経て、起草委員会（塩見昇大阪教育大学教授、木村宏岡山理科大学教授、原田勝図書館情報大学教授）が答申（案）を作成します。第四回会議で答申（案）の検討が行われ、会議の二日後、県教育長へ『岡山県立図書館基本構想（答申）』[1]が提出されました。

基本構想の主な内容は、新県立図書館は単独図書館として整備する。書庫の収蔵能力は二〇〇万冊程度とし、さらに拡張スペースも用意する。図書館ネットワークシステムを構築し電子図書館の機能も整備する。資料収集では、新刊図書にあってはその七〇%程度の収集を継続する。建物の延べ床面積は一万五〇〇〇～二万㎡程度を確保し、低層（三～四階）の建築とする。駐車場は二〇〇台程度を確保する、などとなっています。

「新刊図書の七〇%程度の収集を継続する」という考え方が基本構想に盛り込まれたことは

たいへん恵まれたことでした。当時この考え方を実践していたのは滋賀県立図書館くらいではなかったでしょうか。高いハードルでした。県立図書館は、市町村立図書館への支援を実のあるものにするためには豊富な資料が必要です。市町村立図書館からも、そのことは強く求められていました。周辺からは、ただ書いてもらうだけに終わるんじゃないか、といぶかる声も多かったようです。

策定委員会の会議を通して、強く記憶に残っていることが二つあります。いずれも委員長の谷口澄夫氏の意見でした。

一つは、館長の件でした。基本構想では、「図書館の館長選任にあたっては、図書館運営に熱心に打ち込める専門的知識を有した人で、一定期間以上携われる人が望ましい」となっていますが、専門的知識を有した人、一定期間以上携われる人という部分に力点を置いて話されました。県総合文化センターの館長は、行政職の人や学校長が大体二、三年勤めて終わりという形でした。その反省の上で、「専門的知識を有した人で、一定期間以上携われる人」が図書館や博物館には重要だと強く主張されました。一定期間というのは最低でも五年以上はというニュアンスでした。この考え方は『岡山県立図書館基本計画』（一九九九年）にも活かされました。

もう一つは、書庫の収蔵能力の件でした。二〇〇万冊の収蔵能力ということで会議が一段落しかけたときでした。谷口委員長が、図書館の資料収蔵能力は一〇年、二〇年といった短い物差しで考えてはいけない。今回の県立図書館の二〇年間、二〇〇万冊は十分なように思えるが、決してそんなことはない。さらに二〇年分、二〇〇万冊程度の拡張の余地は用意しておく必要がある、という意見を言われました。歴史研究を長く続けてこられた委員長の言葉だったので強く心に残りました。そして、その考え方も『岡山県立図書館基本計画』や設計に活かされました。

基本計画の柱

『岡山県立図書館基本構想（答申）』（一九九八年）の公表を待って、県教育委員会は無作為抽出で二〇〇〇人の県民から意見を聞くアンケート調査を実施しました。同時に、「県学校図書館協議会」「県子ども文庫連絡会」「県朗読技術友の会」「ストーリーテリング研究会」「県図書館協会」など団体からも意見を聞きました。県民や図書館関係者の意見を大切にして進めていこうという県教育委員会の慎重な姿勢の現れでした。多くの意見の中からいくつかを紹介します。

・市町村立図書館のバックアップについては、要望には必ず応えるという姿勢が必要だ。

・新刊図書の七〇％の収集はぜひ実現してほしい。児童図書は全点収集をお願いしたい。
・二〇〇万冊の収蔵能力だが足りないのではないか。
・借りたい本がすぐに見つかっても、すぐに手元に届かなければ意味がない。
・主題部門別制のメリットを生かすためにも、部門ごとに独立したカウンターと資料に精通したスタッフの配置が不可欠。各部門できめ細かいサービスができるようにしてほしい。
・正規の司書をきちんと確保するよう全力を尽くしてほしい。
・巡回協力車の回数を増やしてほしい。
・児童図書については優良図書だけでなく比較する資料が必要。全点収集が必要ではないか。
・県立図書館でもきちんとした児童サービスを展開しないと、市町村立図書館へ適切な助言はできない。
・県立図書館で児童サービスをやる以上は岡山市や倉敷市立図書館ではできないそれを上回るサービスを行わないと意味はない。

『岡山県立図書館基本構想（答申）』が県教育長に提出された翌月、「県立図書館基本計画策定委員会」が設置されます。県教育次長を委員長に、関係各課長五名、公立図書館長二名、図書館情報学者二名、利用者一名の一一名で構成されました。この基本計画策定委員会にも事務局の一員として参加しました。約八か月後に『岡山県立図書館基本計画（案）』の中間まとめを公表、それをもとに、「県子ども文庫連絡会」「県朗読技術友の会」「ストーリーテリング研究会」「県図書館協会」との意見交換会を行いました。前回出ていた意見以外で主なものは次のようなものでした。

・市町村立図書館支援としての資料提供について、基本的には入手可能なものは購入して市町村の求めに応えるのだという姿勢が大事。
・公共図書館ネットワークにおける物流システムについても記述すべきだ。
・未設置町村に対する図書館振興策を積極的に進めるべきだ。
・学校図書館との連携について積極的に支援してほしい。
・児童書は児童研究資料という観点から全点購入すべきだ。
・図書館サービスは人の確保が大事であり正規司書を確保すべきだ。
・今まで一〇年以上待っていたので今度こそ早く実現してほしい。

そして、ついに一九九九年七月に『岡山県立図書館基本計画』ができあがり公表されました。二〇〇四年度の開館予定になりました。

基本構想を構成していた大きな柱はそのまま基本計画に引き継がれました。特に、次の項目は、県民や市町村立図書館からも強く要望されていた重要な部分であり、新県立図書館ではぜひ実現させたいと考えていたことでしたから、基本計画にきっちりと明文化されたことに安心しました。

①県内図書館ネットワークの構築（総合目録と資料搬送）
②資料の保存センター（二〇〇万冊の収蔵能力と拡張スペースの確保）
③新刊図書の収集にあってはその七〇％程度の継続的収集
④児童への直接サービスの実施
⑤館長は専門的知識を有し、一定期間以上携われる者

ただ、基本計画に書き込まれることと、その内容を実現することの間にはなかなか厳しい隔たりがあるということも、その後経験することになるのですが。

新規サービス（児童サービス）

県総合文化センターでは実施していなかった新しいサービスが基本計画には盛り込まれました。

児童サービスです。知事が「女、子どもの来る図書館ではない。子どもは市町村で子ども用図書館を作ればよい。子どもはいつまでも子どもではない。大人になったとき役に立つもの、グレードの高いものを作る。ハイグレードでも絵本は買わない。楽しい読書などやっていては

人間がダメになる。文庫をやる人は自分で買ってやりなさい」「新県立図書館はグレードの高い図書館」などと知事個人の図書館観を主張して、建設候補地だけでなく、新県立図書館構想そのものの正当性までもが疑われたところです。

児童サービスは、県民からも一番関心を持たれていたサービスです。「県子ども文庫連絡会」や「県朗読技術友の会」「ストーリーテリング研究会」「県図書館協会」などとの間で意見交換会を行い、児童への直接サービスはもちろん、主題別六部門制の一部門として児童資料部門を位置づけることになりました。あわせて児童資料研究室の設置も計画に盛り込まれました。具体的なサービス内容については県総合文化センターが作る『岡山県立図書館サービス計画』[2]に委ねられました。何しろ、児童サービスは実施していなかったわけですからノウハウの蓄積がありません。そのため、一九九四年から毎年、倉敷市立中央図書館に一年間司書を派遣して実務研修を続けてきたわけで、すでに四人の司書が研修を終えていました。倉敷市立中央図書館での実務研修や、県内外のさまざまな研修会や講習会への参加などによって得られた成果が、このサービス計画にまとまっていったわけです。もちろん、市町村立図書館や、「県子ども文庫連絡会」などからの助言も参考にしたところです。

細かい部分は省きますが、次のような内容です。

・開架図書三万冊、雑誌三二誌、新聞三紙を配架する。

・内外の児童図書・紙芝居・新聞・雑誌・児童資料研究書等を配架する。
・新刊児童図書は研究用資料として全点購入する。
・児童への直接サービス、市町村立図書館などへの協力貸出しを行う。
・司書や教師、ボランティアの実習・研修に活用し、モデル的・実験的な場としての役割も持たせる。成果は報告書にまとめるなどして市町村立図書館や学校図書館等へ配布する。
・ボランティア養成講座の開催による人材育成や、ボランティア団体との協力体制づくりを進める。
・児童図書研究室、「おはなしのへや」を運営する。
・児童図書研究室は、全点購入した新刊児童図書過去二か年分と児童図書研究書などを配架する。新刊児童図書は市町村立図書館、学校図書館、地域文庫、研究者などの調査研究に提供する。二年を経過したものは展示用として一括貸出しする。ただし、個人貸出しはしない。

市町村立図書館や子ども文庫関係者から要望が強かった新刊児童図書の全点購入が蔵書構成方針に位置づけられたことは、基本計画の内容をいっそう充実させることになりました。このことでますます児童サービスへの期待が大きくなっていったわけですが、児童資料部門の担当予定者には大きなプレッシャーだったと思います。しかし、そこは倉敷市立中央図書館での実務研修で得られた知識と、開館までの児童資料の選定業務や他館の視察研修、自己研修などで補っていくしかありません。そして、最終的には、多くの利用者が児童資料担当者を育ててくれると割り切りました。

注

（1） 岡山県立図書館基本構想策定委員会編『岡山県立図書館基本構想（答申）』岡山県立図書館基本構想策定委員会、一九九八年

（2） 岡山県立図書館編『岡山県立図書館サービス計画』岡山県立図書館、二〇〇四年

第五章

ここからが正念場

まずは、図書館ネットワーク

図書館の役割は、すべての人が資料や情報を受け取る自由（知る自由）を保障するところにあります。ただ、どんな図書館もその役割を単独で果たすことは困難で、すべての図書館が連携・協力することで可能となるものです。そして、この連携・協力の中心は市町村立図書館と都道府県立図書館です。というのも日常的な図書館利用は、住民の身近にある市町村立図書館で行われています。しかし、都道府県立図書館をストレスなく直接利用できる住民は、ほんの一部にすぎません。そこで都道府県立図書館の資料や情報は、住民が日常的に利用している市町村立図書館を通じて提供される仕組みが大切になります。県立図書館と市町村立図書館の連携・協力がいかに構築されるかで図書館サービスの質が決まってくるといってもいいでしょう。

これまで県民や図書館関係者から多くの要望を聞いてきましたが、新県立図書館には県内全域への公平なサービスを求める声が多かったように思います。そのため市町村立図書館とのネットワークをどう構築するか、市町村立図書館を支援できる体力をどう確保していくかが課題でした。

当時の県総合文化センターの実態がよく分かる県図書館協会会員からの声があります。

「現在の文化センターには、これはしない、これは入れない、これはいけないなど、『ない』が多すぎる。（中略）市町村の図書館や県民の資料要求に必ず応えることを第一の機能とするなら、このような排除や禁止の規定は大きな妨げとなるはずである。予算の問題ではないことは明らかである。あれもいけないこれもいけないでがんじがらめにされていては、いきいきとした活動など思いもよらない」（『岡山のとしょかん　岡山県図書館協会報』四十八号）。

市町村立図書館が、住民の要望には必ず応えるんだ、求められた資料は草の根を分けても探し出すんだという気概で取り組んでいたとき、県総合文化センターはそうした市町村立図書

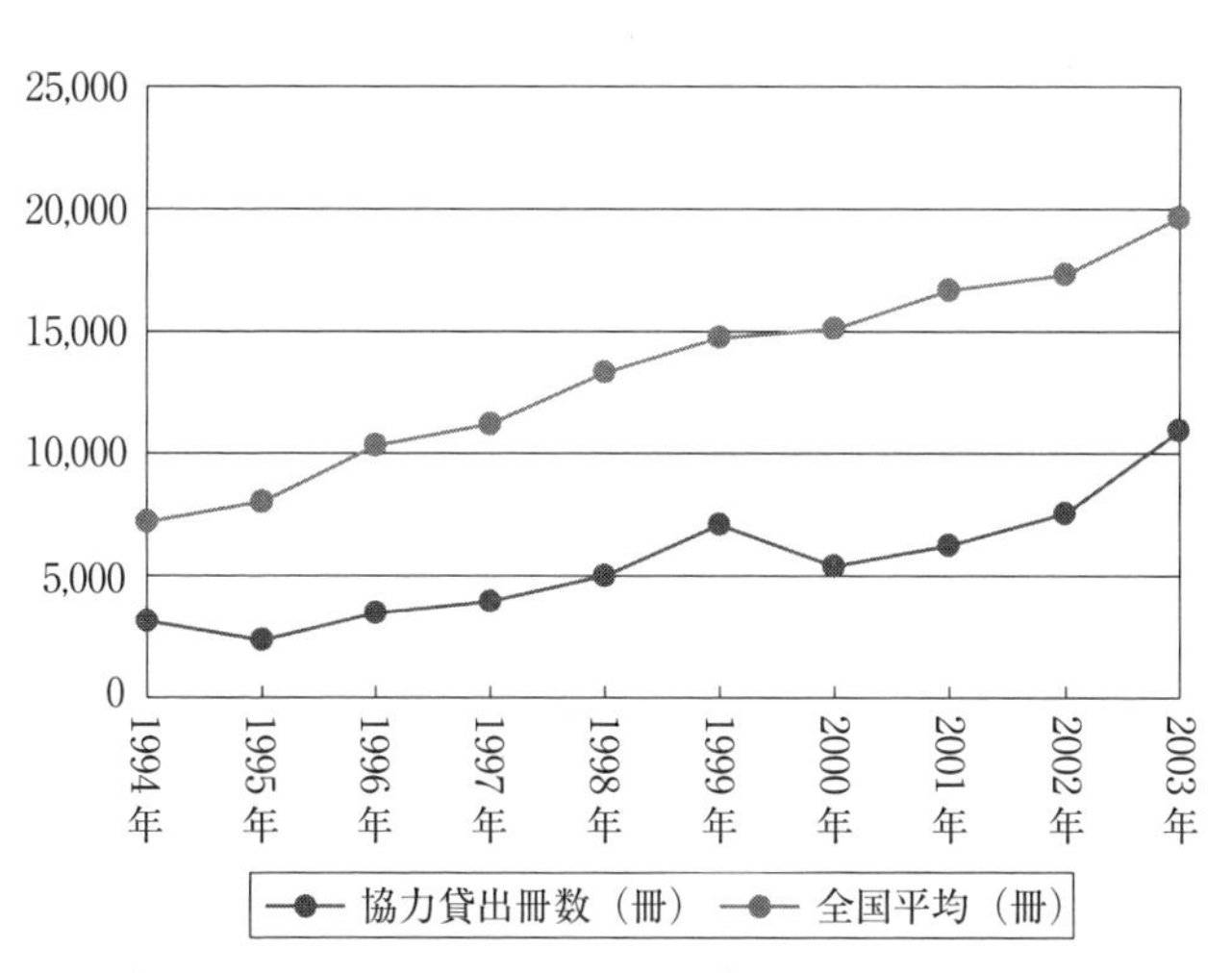

グラフ6　協力貸出冊数の推移（1994年～2003年）

館を全力で支援するという姿勢ではなく、いまの施設では限界だとか、新しい図書館ができない限り始まらない、といった内向きの消極的な考えで図書館運営を進めていたのを気づかされた意見でした。

実際、当時の市町村立図書館への協力貸出冊数をグラフ6で見てみるとその低調さがよく分かります。

新県立図書館では、市町村立図書館との連携・協力を基軸にした図書館ネットワークと、市町村立図書館間の連携・協力の支援がスムーズにできる図書館ネットワークとの構築が最重要課題と考えていました。そのネットワークの中心は総合目録システムと資料搬送システムです。

一九九九年三月で三年間にわたる高度情報化モデル実験事業が終了します。「電子図書館ネットワーク研究会」も解散になりました。早速、四月からは、本格的な県内図書館ネットワーク構築事業に取り掛かるために、「岡山県公立図書館ネットワーク推進協議会」を立ち上げました。新館開館までには五年ほどしかありません。ただ、高度情報化モデル実験事業の最終年で、総合目録機能については研究していたので不安はありませんでした。

図書館横断検索システム

「県公立図書館ネットワーク推進協議会」は、「岡山情報ハイウェイの基幹回線を利用し、県内公立図書館を結び、分散型総合目録検索システムによる情報提供と、資料搬送システムによる図書館資料の搬送を柱とした岡山県公立図書館ネットワークの構築を図る。そのための連絡調整及び研究、実証実験を行う」ことを目的にしました。メンバーは県内公立図書館と公立図書館設立準備室、県生涯学習課で構成しましたが、ネットワークは将来広がりを持つだろうということで、私立図書館や大学図書館にもオブザーバーとして参加してもらいました。また、詳細な総合目録検索システムやデジタル岡山大百科などを検討するグループとしてネットワーク研究会（「公立図書館ネットワーク研究会」と「郷土情報ネットワーク研究会」）も併せて設置しました。

目的にもあるように、ネットワークの中心は、情報のネットワークとしての分散型総合目録検索システム（現在の岡山県図書館横断検索システム）と物流のネットワークとしての資料搬送システムです。

一九九六年から始めた県総合文化センターと市町村立図書館とのネットワークは、県の蔵書データベースを市町村の端末を使って検索・予約するというものでした。まだ総合目録の構築という段階には至っていません。

分散型総合目録検索システムですが、当時は、総合目録といえば要となる図書館に大型のデータベースを設置し、そこに参加館の資料データを集めるという集中型の総合目録が主流でした。しかし、岡山県は、全国に先駆けて岡山情報ハイウェイが設置されていたので、それを活用した分散型の総合目録に取り組みました。そこには一九九八年に「電子図書館ネットワーク研究会」で総合目録機能を研究テーマにして、分散型を研究してきた実績があったわけです。三年間の高度情報化モデル実験事業の終了とともに、「電子図書館ネットワーク研究会」も解散しましたが、図書館としては引き続き文部省や郵政省が共同で進めていたギガビットネットワーク実験（ギガビットクラスの超高速ネットワークの実験）にも参加して、分散型総合目録システムの構築をさらに進めてきていました。

分散型総合目録というのは、インターネット上に参加図書館個々の蔵書データベースを公開してもらい、それらを横断的に検索する方式になっています。各図書館で更新される最新の情報が検索できるメリットがありますが、システム環境の違いで検索精度や速度の水準が維持できないといったデメリットもあります。岡山県ではインターネット社会という将来の発展性を予測し、新しい時代の総合目録の在り方として分散型を選択したわけです。

「県公立図書館ネットワーク推進協議会」とネットワーク研究会は、一九九九年以降、毎年三～五回のペースで会議を持ちました。参加館との協議と並行してギガビットネットワーク実験も続けていきました。まず、一一月に、分散型総合目録システムを県総合文化センターと倉敷市立図書館（本館・分館）の六館で稼働させました。翌月には、岡山市立図書館が参加します。徐々に参加館の拡大を図りながら、二〇〇一年の新館開館三年前に分散型総合目録検索システムの正式な運用を始めました。この時には、参加館も県、倉敷市の他に岡山市（地区館を含む五館）、津山市、早島町、里庄町、山陽町（現・赤磐市）の図書館が加わり、一五図書館の蔵書が検索できるようになっていました。この分散型総合目録検索システムが発展して、二〇〇四年九月の新館開館時には、電子図書館「デジタル岡山大百科」を構成する大きな柱として位置づけられた県図書館横断検索システムとして本格稼働させることができました。

ただ、本格稼働させるまでにはシステム担当者にはなかなか厳しい時間がありました。データ提供館のシステムがまちまちでしたから、検索精度がなかなか一定しません。何度も何度も業者と苦い交渉を重ねながら、ある程度の水準を維持できるところまでやっとこられたということでしょうか。担当者の苦労には頭がさがります。

この県図書館横断検索システムは、県民には県内図書館の総合目録として資料情報の検索に利用してもらっています。しかし、図書館が業務で利用する場合は、県図書館横断検索システムに図書館間相互貸借システムが加わり、資料情報の検索と同時に資料への予約も可能となります。予約は、相手図書館を指定することもできますが、自動振り分け予約機能も用意しており、複数の市町村立図書館が所蔵している場合、これまで対図書館への貸出件数が少ない図書館から予約がかかる仕組みを提供しています。

今では、参加館も八七館にまで増加し、各参加館は県図書館横断検索システムに内包されている図書館間相互貸借システムを活用して、県立図書館からの協力貸出しや市町村立図書館間の相互貸借を受けています。活用状況はグラフ7のとおりです。二〇一五年現在で、接続館八七館、対象蔵書冊数一一二七万冊となっています。このシステムが拡大していくのと比例して、県立図書館からの協力貸出冊数も順調に伸び、グラフ8のとおり県総合文化センター時代（～二〇〇三年）の低調な市町村立図書館支援から大きく飛躍できたのではないかと思っています。

なお、この県図書館横断検索システムにデータ提供館として参加できるのは次の条件を満たす図書館に限定しています。

①公開している所蔵資料が自施設以外の県内一般利用者も閲覧・貸出・相互貸借など何らかの形で利用可能であること

②専任職員が配置され、資料を閲覧する環境が整っていること

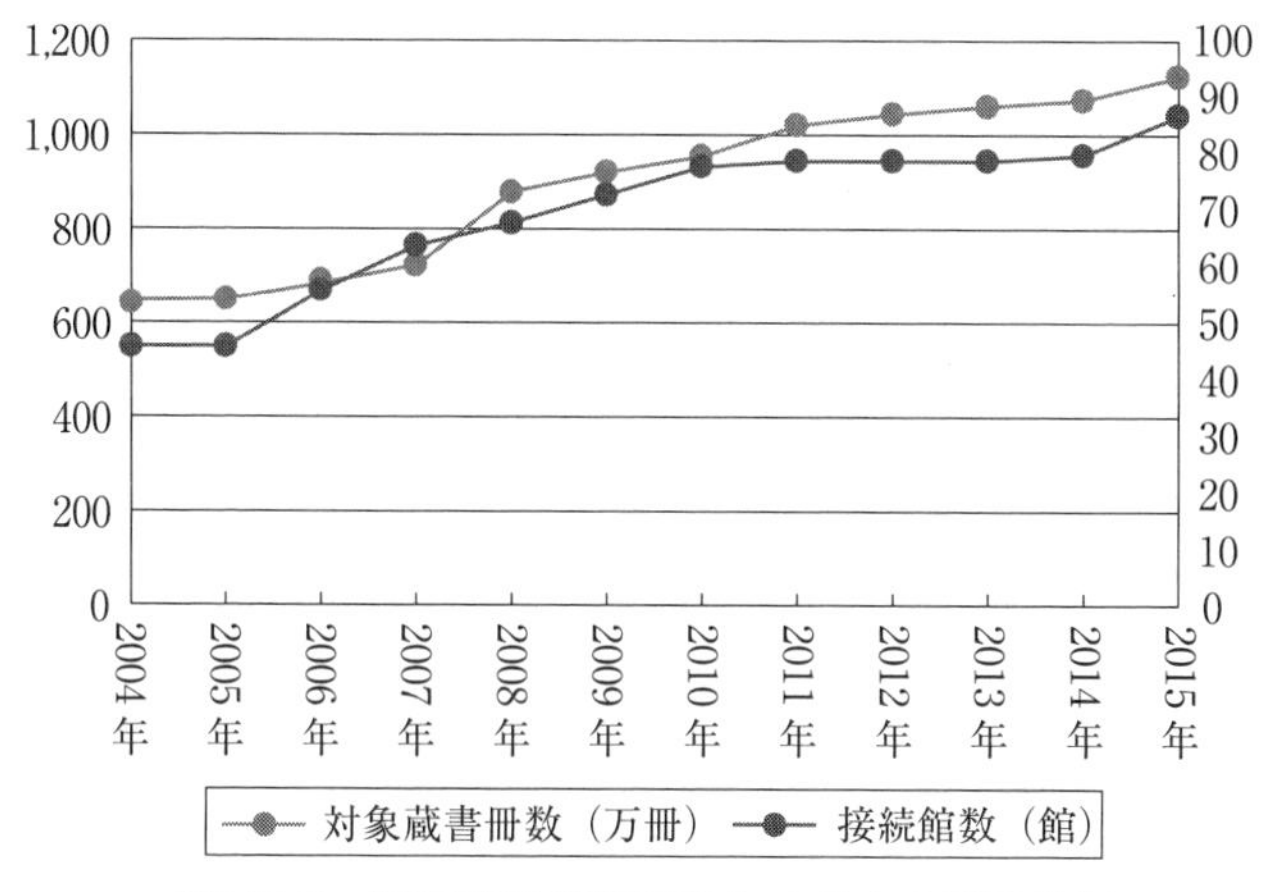

グラフ７　県図書館横断検索システムの活用状況

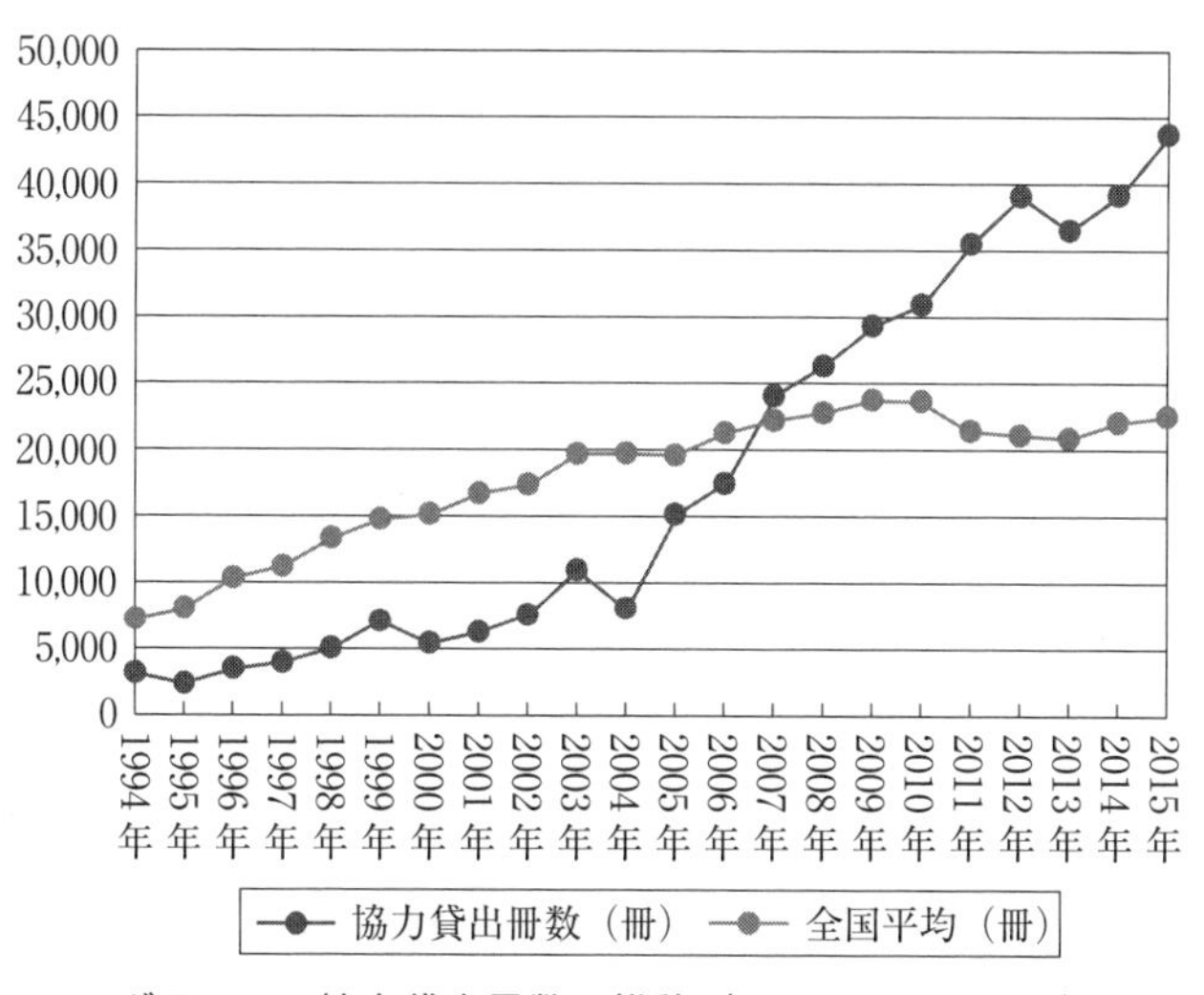

グラフ８　協力貸出冊数の推移（1994 ～ 2015 年）

③資料への問い合わせに対しては、責任のある回答ができること
④指定するシステム仕様を満たしていること
⑤データ更新を随時行うこと
⑥システムおよびネットワーク等の障害に対して迅速に対応できる体制を内部で整えること

現在のデータ提供館は、県立図書館、市町立図書館（全館）、私立図書館（一館）、大学図書館（九館）となっています。なお、「県公立図書館ネットワーク推進協議会」では実施に当たって次のような「相互貸借に関する基本的な考え方」を示しています。

「相互貸借に関する基本的な考え方」

県公立図書館ネットワーク推進協議会（二〇〇三年一月二六日）

岡山県横断検索等の整備、県立図書館や各自治体での図書館等の進展により、資料の相互貸借など県内図書館等の相互協力の範囲の拡大が今後ますます進むものと予想される。

特に、増加が予想される資料の相互貸借を円滑に行い、なおかつ各図書館等の運営に支障のないよう留意するため、岡山県公立図書館ネットワーク推進協議会として以下に基本的な考えをまとめる。

一　借受依頼に当たっての順序については、次の点に留意するものとする。

①安易に相互貸借に頼らず、まず自館での購入について十分検討すること。
②県立図書館に借り受け・購入依頼をすること。
③県内の公立図書館に借り受け依頼すること。
④その他の図書館に借り受け依頼すること。

二　借受資料の範囲について、次の点に留意し依頼するものとする。ただし、県立図書館に依頼する場合及び貸出館の了解が得られる場合はこの限りでない。
①借り受けの依頼は、原則として未所蔵の資料について行うこと。
②新刊書・季節的に利用が集中する資料等、どの館においても利用が多いと見込まれる資料については、特に十分検討の上で借り受けの依頼をすること。

三　県内の公立図書館等で相互貸借規定を作成していない館等は自館の規定を作成するようにつとめるものとする。

四　各館は、岡山県図書館横断検索システムへのデータ提供も含め、自館の蔵書目録（電子式目録を含む）の作成・配布につとめるものとする。

五　相互貸借が円滑に行われるためには、図書館等の各施設の整備・充実が不可欠である。そこで、各施設は、次のことに鋭意つとめるものとする。
①住民サービスを行う上で不足のない資料費、また、司書等の専任職員の確保を行い実体的

　に公立図書館としての活動を行うこと。
②公民館図書室等でも将来的に図書館設置の計画または予定を持つこと。
六　相互貸借については、「図書資料相互貸借規程（岡山県図書館協会）」「中国地区公共図書館間相互貸借規程」「公共図書館間資料相互貸借指針（全国公共図書館協議会）」等を尊重するとともに、相手館の事情等を十分考慮するものとする。

こうした了解事項をもとに、開館前年度から図書館間相互貸借システムの運用を始め、図書館資料搬送事業も試行しました。この試行で問題点等を洗い出し、開館年度から県立図書館と市町村立図書館等との連携・協力事業を本格的にスタートさせることができました。

資料搬送システム

市町村立図書館では、自館の資料で利用者の要求にこたえられないとき、県図書館横断検索システムを活用して、必要とする資料がどこの図書館にあるかが容易に検索可能となりました。当然、必要な資料は購入して提供するわけですが、購入できない、あるいはその利用者以外に利用が見込めないような資料の場合は、他の図書館から借り受ける選択をします。基本的には県立図書館から協力貸出しを受けますが、他の市町村立図書館から相互貸借を受けることもあります。いずれの場合も、できるだけ速やかに必要な資料が自館まで届けば、利用者にある程度満足のいくサービスを提供できることになります。県立図書館も、市町村立図書館を協力貸出しで支援していくことで、県内全域の住民へのサービスが可能となります。

長く、市町村立図書館等への資料搬送については、司書が運転する巡回協力車を使っていました。この巡回協力業務では、他にも相談事務や情報収集・資料交換等も行います。新館開館前の段階で、巡回対象は三九施設、それらを一〇コースに分け、年間一二回巡回していました。

新県立図書館での資料搬送については、「県公立図書館ネットワーク推進協議会」で協議を重ねる中で、これまでの巡回協力車の方法では十分な巡回回数を確保できないので、資料の搬送と市町村立図書館等への相談事務等とを切り離した方がいいという結論になりました。

巡回回数は年間一二回ではなく、少なくとも毎週一回は各図書館に必要な資料が届く体制を整えることになりました。そこで考えられたのが、資料の搬送については民間の宅配便を活用する方法でした。搬送資料としては、県立図書館から市町村立図書館等への協力貸出資料、市町村立図書館間の相互貸借資料、図書館資料として寄贈する資料などが対象になります。なお、搬送施設は、市町村立図書館（管内一か所）と図書館がない町村にあっては公民館図書室、そして大学図書館等を対象にして、県立図書館と搬送施設を放射状に一対一で結ぶ方法にしました。

県立図書館から市町村立図書館等へ貸し出す資料は、毎週火曜日に発送して、翌水曜日に届きます。その便で返却資料があればそれらを受け取り、翌木曜日には県立図書館に返却されるというシステムです。市町村立図書館間の相互貸借資料については、貸出館から宅配便で県立図書館へ送ってもらい、県立図書館から改めて借受館に発送することになります。なお、宅配便は、搬送資料があるなしにかかわらず、必ず県立図書館と市町村立図書館等を訪問することにしました。

新しい資料搬送システムでは、巡回協力車と違って、宅配便の費用が発生することになりますが、往復経費はすべて県立図書館が負担します。市町村立図書館等では、受け取った資料の管理と利用者への貸出・返却業務に責任をもってもらいます。

週一回の宅配便を待てない緊急性のある協力貸出しや相互貸借資料は、県図書館協会の資料相互貸借規程に基づき郵送で対応することになります。この場合は、着払い郵便で発送しますが、返送については県の搬送便を使います。

資料搬送事業は、二〇〇六年度からは搬送頻度を週一回から週二回に増やし、搬送先も県内の県立学校及び私立小・中・高等学校を組み込むなどの充実を図っています。

なお、市町村立図書館業務の現状や課題等を把握して支援の参考にしたり、あるいは運営相談にのったりするための巡回相談事業は、資料搬送事業とは切り離しました。別に司書が巡回協力車ですべての市町村立図書館を年一回訪問しています。その際、岡山県内公共図書館調査と、人口規模別に全国同規模図書館のサービス状況を比較した自治体別指標を集計した資料を持参し、地域の図書館計画や予算要求などに活用してもらっています。また、毎月、『岡山県立図書館協力ニュース』を発行し届けています。これには、県内や全国の図書館、子ども読書関連、研修会などのニュースを収録し、正規職員のいない図書館や少ない非常勤職員だけでサービスしている図書館からは特に好評を得ています。

県図書館横断検索システム（図書館間相互貸借システムを含む）と図書館資料搬送システムとによる県図書館ネットワークが、市町村立図書館等との五年にわたる協議を経て新館開館前に構築できたこと、さらに新刊図書の七〇％程度の購入が可能な資料購入費の見通しが立ったことで、新県立図書館が県民や図書館関係者が望んでいた本来の役割を果たせることを確信しました。

人的ネットワーク

図書館ネットワークが十分機能するためには、いくつかの条件を満たす必要があります。まず、ネットワークの要となって参加館をまとめていく中心館の存在です。国立国会図書館であったり、国立情報学研究所であったりしますが、県域のネットワークでは都道府県立図書館がその役割を担うことになります。その場合、中心館になる都道府県立図書館は市町村立図書館から信頼されることが重要です。この信頼は、日常の資料や情報の支援業務を通じて培われていきます。岡山県の場合は、新館開館前の五年間にわたる図書館ネットワーク構築作業を通して、その本気度が理解してもらえたのではないかと考えます。県内図書館ネットワークが成長する下地ができたように思います。

次に、図書館資料の総合目録と搬送手段の確保が必要です。岡山県は、総合目録として県図書館横断検索システムを構築しました。検索精度等についてはまだまだ十分ではないところもありますが、参加館全体で育てていく気持ちがあれば問題も乗り越えていくことができるのではないでしょうか。総合目録と同時に搬送手段の確保も大切です。岡山県では民間の宅配便を活用することで、県民が求める資料の迅速な搬送を可能にしました。今は、週に二回（県立学校へは週一回)、県立図書館と市町村立図書館等との間を宅配便が走っています。このことで、利用者は地元の図書館にない資料についても県立図書館や他の図書館から、大きなストレスを感じることなく提供を受けることができるようになりました。

次に、ネットワーク参加館それぞれが自立の方向で努力することが大切です。まれに、「図書館資料については県立図書館や他の規模の大きい図書館にお任せです」と大きな勘違いをしている図書館も出てきます。図書館ネットワークは責任ある図書館同士の連携・協力です。そこで、重要なのは一定水準以上の資料購入費の確保です。二〇一五年度で年間の図書購入費が五〇〇万円以下の自治体が一〇(二七自治体中)ありました。出版点数や一冊単価から考えて新刊点数の一～二%程度しか買えません。地域の住民に期待される図書館になるには厳しい数字かと思います。市町村立図書館が地域で図書館サービスを充実させていくことが図書館ネットワークを成長させる力ですから、地域の住民が期待の持てる一定水準以上の資料購入費の確保はとても大事になります。市町村立図書館の充実が、県立図書館の資料がすべての市町村立図書館で効果的に利用できる近道になろうかと思います。

次に、図書館未設置の自治体をなくすことも重要です。公立図書館を持たない自治体の住民は、図書館ネットワークの外に置き去りにされる可能性があります。ネットワークの窓口を持たないことで、知る自由や読書する自由を確保できないことにもなりかねません。県立図書館の開館前年度には、図書館未設置自治体がまだ半分以上（七八市町村中四一町村）もありました。この未設置自治体の解消も大きな課題でした。ただ、平成の大合併で市町村数は七八から二七へと激減し、図書館未設置自治体も現在二村だけになっています。

この二村での図書館設置も課題として残っていますが、今は広域化した各自治体での全域サービス網の整備が新たな課題になったといえるでしょう。特に、いくつかの自治体では一見、複数の分館を構え全域サービスが展開されているように見えますが、実際は公民館図書室を条例設置で図書館に変更しただけで職員も資料購入費もお寒い限りといえます。全域サービスは、ただ複数の分館を設置すればいいというものではありません。中途半端な資料購入費や職員の手当てではよい分館も作れません。そんな分館では、利用が活発にならないから、なおさら資料購入費も職員もつぎ込まないという悪循環に陥りがちです。たとえ分館といっても、一定規模の施設、職員、資料が必要なことはいうまでもありません。

最後に、図書館ネットワークが十分に機能するためには、やはりネットワークを運営する組織や人が重要です。岡山県では、「県公立図書館ネットワーク推進協議会」と、ワーキンググループとして「公立図書館ネットワーク研究会」「郷土情報ネットワーク研究会」を立ち上げ、五年にわたり県内の図書館ネットワークの望ましい在り方について協議を重ねてきました。そこでの成果も重要でしたが、具体的な課題を前に各図書館の職員が、それぞれの事情をぶつけあいながら議論するプロセスこそ大きな財産になったのではないでしょうか。図書館界全体として県民にどうサービスしていくかという連携・協力の基本が確認できたように感じました。情報のネットワーク、物流のネットワークと並び、こうした人的ネットワークも重要と考えます。この「県公立図書館ネットワーク推進協議会」は、その大きな役割を終え、今は「県公共図書館協議会」と名前を変え、県下の公共図書館の連携・協力体制の発展のために活動しています。

デジタル岡山大百科の構築

新県立図書館は、二一世紀という新しい時代にふさわしい図書館として整備するという方針が、一九九九年の『岡山県立図書館基本計画』で示されました。その三年前、岡山県は岡山情報ハイウェイ構想をスタートさせます。その中で、高度情報化モデル実験事業が始まりました。この実験事業に、県総合文化センターも他の市町村立図書館やシステム開発会社、データ作成会社などで構成した「電子図書館ネットワーク研究会」として参加し、ワーキンググループとして認定されました。そして三年間、デジタル岡山大百科と銘打った分散型総合目録システム（現・図書館横断検索システム）と画像情報提供システム（現・郷土情報ネットワーク）とを主テーマに据え、岡山情報ハイウェイ上に地域の歴史、風土、人物等を資料情報として、さらに画像情報として提供し、県民がインターネット端末で地域の姿を百科事典的に見られるように、また、調査研究できるようにしていくことを目的とした実験に取り組みました。

こうした経緯からも分かるように、デジタル岡山大百科は岡山情報ハイウェイ上に展開される岡山県の重要なデジタルコンテンツの一つとして位置づけられていたわけです。この実験の成果は『岡山県立図書館基本計画』に盛り込まれました。そこでは、新県立図書館がメディアセンターとして位置付けられています。

デジタル岡山大百科は、三年間の高度情報化モデル実験事業が終了後、「県公立図書館ネットワーク推進協議会」に引き継がれ、ワーキンググループの「県公立図書館ネットワーク研究会」と「県郷土情報ネットワーク研究会」とが詳細な開発を進めていきました。二〇〇一年には、絵図・和装本のデジタルデータをインターネット上に公開し、デジタル画像情報提供システムがスタートしました。ほぼ同時に、分散型総合目録検索システムも運用を開始します。二〇〇三年からは県と筑波大学とで、デジタル岡山大百科などデジタル資料の共同研究も始まります。同時にレファレンスデータベースにも取り組みました。そして開館年の二〇〇四年、デジタル岡山大百科は本格的に稼働を始めました。

このデジタル岡山大百科には三つの機能があります。県内公共図書館と大学図書館（一部）

が所蔵している図書館資料の総合目録である県図書館横断検索システム（分散型総合目録検索システムを改称）、郷土岡山に関する図書、雑誌、新聞、ビデオ、写真、音声、Ｗｅｂページなどを画像情報として提供する郷土情報ネットワーク（デジタル画像情報提供システムを改称）、県内の公共図書館等に寄せられたレファレンス（調査相談）の質問・回答内容と調査に利用した資料をデータベース化したレファレンスデータベースの三つです。県図書館横断検索システムは、図書館資料の目録情報の検索にとどまりますが、郷土情報ネットワークは、著作権のない資料については本文まで見ることができます。和装本、絵図・古地図、池田家文庫絵図、デジタル絵本、カバヤ文庫、地方行政資料などの他、郷土新聞記事索引、郷土雑誌記事索引、郷土映像、写真データなどが含まれています。

特に、郷土情報ネットワークについては、情報の収集を公共図書館だけでなく、大学図書館、自治体、研究機関、郷土史研究者、さらに県民にもお願いして、県民参加型の仕組みを作っています。デジタル岡山大百科と銘打っているように、誰でも、どこからでも岡山という地域の姿が百科事典的に見られる、あるいは調査研究できるということを目標にしていますので、半端なデータ量ではお話になりません。出発時には無力でも二〇年、三〇年と地道にデータを蓄積し続けることで、ある時点から、データの量的拡大が質的に変化し、大百科の機能を持ってくれると期待しています。

各地の図書館で電子図書館への取り組みが、歩みとしてはゆっくりですが、始まっています。特に、郷土情報については、地域の公立図書館が責任をもって収集する立場にありますので、そのデジタル化についても責任を持つという考えがあるように思います。しかし、デジタル資料はどこからでも自由にアクセスできるという特性があります。人的にも費用的にも個々の図書館が独自に取り組むのは実際的ではありません。岡山県立図書館が要となって進めているデジタル岡山大百科のような取り組みが電子図書館を現実的なものにしていく近道かもしれません。

デジタル岡山大百科については、組織的に位置づけられたメディア班が精力的にデータ作成やデータ収集を行ってきましたが、二〇一二年度に組織の改編が行われ、総務・メディア課に属することになりました。電子図書館的な新しい取り組みは、特にデジタル郷土情報の収集や作成には、目的意識をもってがむしゃらに進めていく人や組織が必要です。今回の組織改編で独立した班体制を解かれたことで、成長の速度が弱まりはしないかと心配な部分でもあります。

新刊図書の七〇％収集

県内に図書館ネットワークを構築し、その要となって市町村立図書館の支援を徹底的に行うために重要と考えたのが新刊図書の七〇％の継続的収集です。

一九九八年に答申があった『岡山県立図書館基本構想』に次の文章が盛り込まれたとき、喜びと不安が入り混じった感情になったのを覚えています。

「新館開館に向け必要な資料の計画的整備を図る。また、市町村立図書館支援のための資料を収集し、かつ、全国的にも充実した資料を誇れる図書館となるよう、資料の収集整備体系（新刊図書にあってはその七〇％程度の収集）を確立し、開館後もこれを維持していくことが重要である」。

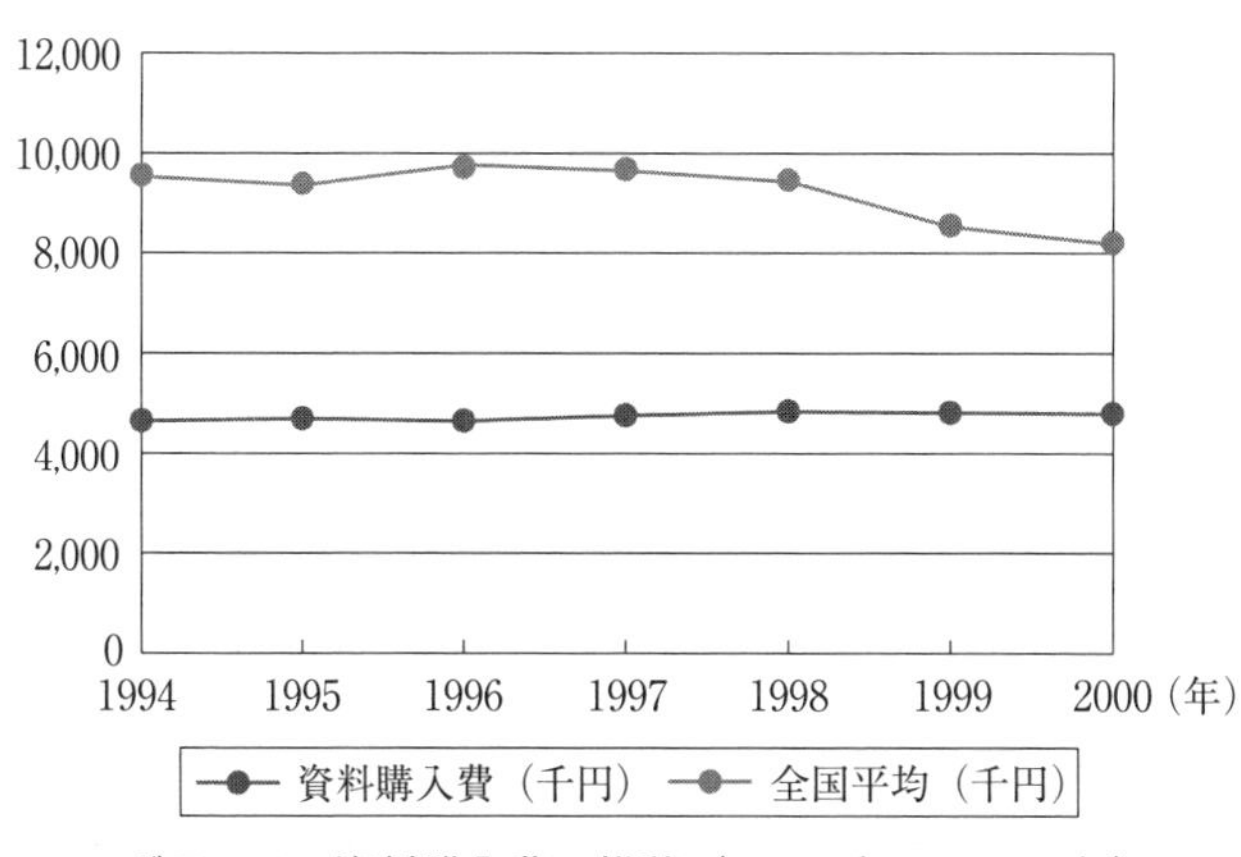

グラフ９　資料購入費の推移（1994 年～ 2000 年）

当時、県総合文化センターの資料購入費はグラフ9のとおり全国平均の約半分程度、四〇〇〇万円の後半のところで推移しており、購入冊数も大体一万冊前後でした。新刊図書の二〇％も購入できていません。

その頃の新刊出版点数は約六万三〇〇〇点で、平均単価が二九〇〇円程度です。七〇％の購入となると新刊図書購入費だけで約一億三〇〇〇万円が必要となります。当時、岡山市立図書館や倉敷市立図書館が一億円以上の資料購入費を確保していましたが、県総合文化センターには一億三〇〇〇万円はとても高いハードルだったわけです。新県立図書館が市町村立図書館の支援を徹底するといってもなかなか信頼してもらえない理由の一つだったと思います。

しかし、ここを乗り越えられたら、県立図書館として、「市町村立図書館のサービス活動を徹底して支援する」「県民のあらゆる資料要求へ応える」という本来の活動を実のあるものにできるわけです。

『岡山県立図書館基本構想』の公表を待って、県教育委員会は県民へアンケートを実施したり、「県図書館協会」「県子ども文庫連絡会」等と意見交換会を開いたりしました。そこで強く求められたことの一つが、市町村立図書館支援の充実でした。

・市町村立図書館のバックアップについては、要望には必ず応えるという姿勢が必要だ。
・新刊図書の七〇％の収集はぜひ実現してほしい。

こうした声は、新県立図書館構想が持ち上がって以来、公式、非公式を問わず事務局に多く寄せられていました。

基本構想に書き込まれたからといって、その内容がそのまま基本計画に引き継がれるとは限りません。基本構想公表後、すぐに始まった基本計画策定委員会の場が大きな意味を持ちます。まずは、県生涯学習課の県立図書館担当職員の理解を得る必要があります。

県立図書館担当といっても行政職の職員ですから、図書館についての専門的知識は多くを望めません。担当課へ何度も足を運び、また、担当課から何度も足を運んでもらいながら、県立図書館の役割や機能についての共通理解を深めていきました。事前の研究や打ち合わせを十分進めた後、基本計画策定委員会に事務局の一員として参加しました。「新刊図書の七〇％程度の継続的収集」については、どんなに時間がかかっても必ず理解してもらう覚悟でした。

全国的に見ても、当時、新刊図書の七〇％程度の継続的収集ができる予算があるのは、東京都立図書館と滋賀県立図書館くらいではなかったでしょうか。どちらも自治体内にすぐれた市町村立図書館を多く設置し、それらを都立図書館・県立図書館が豊富な資料（資料購入費）でしっかり支援する。そうした都道府県立図書館と市町村立図書館の連携・協力の形ができあがっていました。独自の図書館振興策が大きな役割を果たしたといえるでしょう。

東京都は、県レベルの本格的な図書館振興策としては最初の『図書館政策の課題と対策』[1]を策定し、建設費と資料購入費の補助（一九七一～一九七六年度に実施）を通して、都下の図書館整備を飛躍的に前進させました。また、滋賀県は一九八〇年に『図書館振興に関する提言』[2]を策定し、施設整備費や図書購入費の補助を通して、さらに図書館新設に当たり、準備室長（開館時、専門職館長になり得る人材）を招へいしたり、専門職（司書）を採用したりすることを市町村に働きかけるなどして、質の高い図書館を次々と設置していきました。

岡山県には図書館振興策はありませんでした。しかし、岡山市立図書館や倉敷市立図書館の活動は全国的に見ても有数のものです。資料購入費も岡山市は一億五〇〇〇万円、倉敷市も一億円近く確保していました。加えて、一九九〇年代に入ってすごい勢いで町立図書館の新館建設が続いていました。一九九二年から二〇〇二年の間に二一館が新設されました。そうした活発な図書館活動が展開されていたにもかかわらず、市町村立図書館全体の貸出密度（住民一人当たりの個人貸出冊数）をみると、ほぼ全国平均程度で推移していて、そこからはなかなか抜け出せていません。岡山県にはあと何が足らないのか。どうしたら全国平均程度というレベルから抜け出せるのか。

課題は県立図書館でした。市町村立図書館が大きく動いているときに、そこを徹底して支援する県立図書館がどうしても必要です。そのための「新刊図書の七〇％の継続的収集」なのです。「県子ども文庫連絡会」や「県朗読技術友の会」「ストーリーテリング研究会」「県図書館協会」などと事前に実施していた意見交換会でも、「新刊図書の七〇％の継続的収集」は非常に強い要望として出されていました。

会議の中で、委員長を務めていた教育次長が、「本当にこんなことが可能なのか」と言われたのを覚えています。県総合文化センターの実態からすれば、教育次長の心配も当然です。「いま教育次長が決断してくだされば書き込めます」と答えたように覚えています。

その後も、さまざまな経緯はありましたが、一九九九年七月に公表された『岡山県立図書館基本計画』には次のように表現されました。

「市販される新刊図書にあってはその七〇％程度の収集を継続的に行うことを目標にする。但し、学習参考書、コミック、文庫本の一部等を除く」。

基本計画に書き込まれたことは非常に大きな前進でした。県民や図書館関係者、各種団体に新県立図書館の内容を説明するとき、この部分は一番注目を集めます。「新刊図書の七〇％程度の継続的収集」を何度も説明する中で、寄せられる期待の大きさがひしひしと伝わってきました。必ず予算化に結び付けねばならない覚悟が固まっていったように思います。

「新刊図書の七〇％程度の継続的収集」が公式に表明されたのは、一九九九年五月、基本計画の中間まとめの公表においてですが、その一か月後の六月議会で、議員の「図書収集をどのように進めるのか」という質問に、教育長は、「年間に発行される図書の七〇%程度の購入を目標に、計画的に整備を行う」と明言したのです。この後も、二〇〇二年一二月、二〇〇四年六月の県議会で同様に答弁しています。議会で県民に約束したということです。予算化に向けては、まだまだいくつもハードルがあるだろうと心配していましたが、県議会での県民への約束は、基本計画の「市販される新刊図書にあってはその七〇%程度の収集を継続的に行うことを目標にする」という収集計画を現実化させたといえます。

岡山県立図書館資料収集方針は二〇〇四年四月に施行されますが、その基本方針の中には次のように書かれました。

「新刊図書の七〇%程度の収集を継続的に行うよう努める」。

収集方針の中のたった一行ですが、この一行が県立図書館がサービスの基本をどこに置いているかを明確に表したものといえます。市町村立図書館への資料支援を徹底して行う、現在流通している資料への県民の要求は県内ですべて対応する。七〇%は単に数量だけの問題ではないのです。

県議会での約束があるとはいえ、実際の予算要求の折衝は大変だったようです。県生涯学習課の県立図書館担当職員が財務担当者に粘り強く交渉した結果だと聞いています。

新刊図書の七〇％程度の収集は前倒しして、開館前の二〇〇三年度から始めました。二〇〇三年度の資料購入費予算二億二四〇〇万円（内図書購入費一億九〇〇〇万円）、そして二〇〇四年度、開館年の二億三五〇〇万円（内図書購入費一億九〇〇〇万円）は、新しい時代の岡山県立図書館の姿を予算で裏付けたものです。現実になった予算を見たとき、県民や市町村立図書館に信頼される県立図書館をみんなで作っていくのだという決意をさらに強く固めたのを覚えています。

当時、なぜか東京都立図書館の資料購入費が幾分減少していたので、資料購入費も図書購入費も都道府県立図書館では一番多かったように思います。なぜそんなことが可能だったか。

資料購入費には岡山県図書館等整備基金が当てられました。当時は、東京都を除いていずれの自治体でも資料購入費は厳しい状態でした。公立図書館全体としても毎年減少していました。都道府県立図書館の平均額も七〇〇〇万円程度です。そんな状況下、岡山県立図書館が「新刊図書の七〇％程度の収集」を可能とする資料購入費を確保できたのは岡山県図書館等整備基金の用意があったからです。

この基金は、県総合文化センター時代に、地元の福武書店（現・ベネッセコーポレーション）から一九七六年から八一年にかけて五回、合計一億円の寄付があり、それを原資に岡山県総合文化センター図書整備基金として運用してきたものです。一九八九年、県立図書館・公文書館建設試案が公表された年ですが、県は基金に二三億円を繰り入れ、新たに岡山県図書館等整備基金（基金額二四億円）を条例設置しました。この基金が二〇〇一年には運用益を含め三四億七〇〇〇万円になっていました。

いまは基金の果実は期待できません。基金を取り崩して資料購入費に充てているわけですが、基金はいつまでもあるものではなく、やがて基金に頼らない予算措置が必要になってくるでしょう。グラフ10はこれまでの資料購入費の推移です。

開館前年度（二〇〇三年度）から二億円を超す資料購入費が六年間続きましたが、基金の残額を意識しながら、なおかつ「新刊図書の七〇％程度の収集」を目指せるように、二〇〇九年度から一億七〇〇〇万円に減額しま

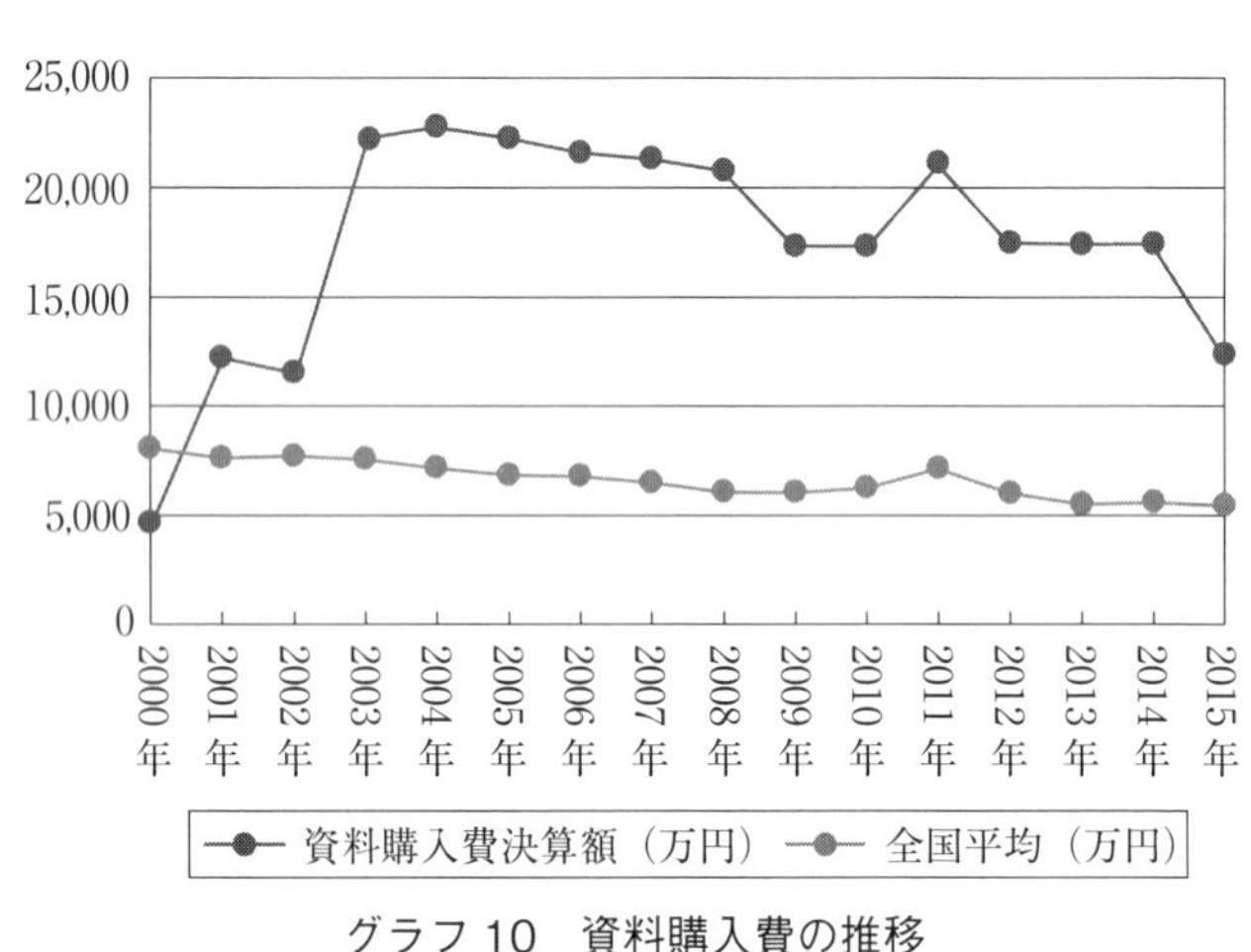

グラフ10　資料購入費の推移
（2014、15年度は予算額）

した。七〇％収集が維持できる最低ラインというところでした。

基金での資料購入は、終わる時期がはっきり計算できますから、一般財源でいかに資料購入費を予算措置できるかについて検討する必要があります。図書館では予算期になるとそういう話が出ていましたが、その方策を立てる前に、まったく違う話が突然飛び出して非常に驚かされました。

二〇一五年度に、資料購入費は一気に一億二〇〇〇万円程度にまで減額されました。その理由は「新館開館から一〇年を経過し、蔵書冊数も全国平均を上回ってきた。一〇年間の蔵書整備期間も終わったことなので、今後は、限られた基金を有効に活用して、持続的に県民の期待に応えられる運営を行っていきたい」というものでした。県立図書館の職員には、一〇年間の蔵書整備期間という言葉は初耳です。そんな計画はなかったのですから。なかったものをあったことにして、資料収集予算を決められたり、何より収集方針を歪められたりしてはたまったものではありません。「新刊図書の七〇％程度の継続的収集」という新県立図書館の基本方針は、県議会で三度にわたって教育長が県民に約束した方針です。しかし、約束はいとも簡単に破られてしまいました。なかった理由をあったことにして。はらわたが煮えくり返る思いでした。知事は公約で教育に力を注ぐと宣言してきました。その教育という言葉には、どうも社会教育は入っていないのかもしれません。

県立図書館が開館して一〇年も経つと、開館当時の事情を知っている職員も少なくなっています。資料収集計画について、県教育委員会に誤解があるように思われ、もし間違ったままの理解が議事録に残るようなことがあれば、後の県立図書館史などを考えたとき困ったことになります。当時を知っているものとして、いま訂正されるべきは訂正しておかねばと考え、地元の山陽新聞に寄稿しました。県民、図書館関係者、議会、そして行政が、長い年月を費やして全国に誇れる県立図書館をということで生み、育てたものです。核心部分で歪められるのだけはがまんができませんでした。

地元の山陽新聞に掲載された記事をここに引用しておきます。なお、字句を一部訂正しています。

岡山県立図書館開館一〇年「新刊七〇%収集」継続を

―見直しの動きに危機感―

岡山県立図書館が開館して一〇年になる。旧岡山県総合文化センター図書館時代には、年間の来館者は一〇万人程度、個人貸出冊数も一〇万冊前後だったが、県立図書館として新たな出発をしてからは、どちらも毎年一〇〇万を超え、全国の都道府県立図書館で四〇位程度だった活動度が、昨年度まで九年連続して全国一位の好結果を残している。

その背景には、「県域の中枢としての図書館」の役割が果たせるだけの資料購入費の確保や、主題部門別の閲覧制を採用し、資料案内や専門的な調査相談に応じられる専任司書の配置、市町村立図書館などと協力・援助しあう図書館ネットワークの構築などがある。

ところで、開館一〇年の節目に、少し気になる動きが見られる。先の二月県議会（三月五日）で次のようなやりとりがあった。

年間約一億七〇〇〇万円の資料購入費には図書館等整備基金が充てられているが、このままではあと七年で底をつく。今の誇れる県立図書館を維持するための財源をどうするのか、と県議が質問。対して県立図書館を管轄する県教委は、開館より一〇年間を目途に蔵書冊数が全国平均に達するよう重点的に図った結果、平均を若干上回った。整備期間が終わる今後は資料購入費等を見直す、などと答弁した。

インターネットの中継録画でこの答弁を聞き、県立図書館の資料収集についての理解が、少し違うのではないかと気になった。

新県立図書館は一九八七年に具体的な行政課題になったが、間もなく建設地をめぐり計画は迷走。ようやく、新たに就任した石井正弘前知事が九八年三月、県立図書館の建設事業を優先的に実施する方針を表明。九九年七月には「二一世紀に開館する全国に誇れる県立図書館」を、と新たな基本計画がまとまった。

資料整備面では、開館後の整備計画で「市販される新刊図書にあってはその七〇％程度の収集を継続的に行う」ことを目標にした。当時、それが可能なのは東京都立中央図書館と滋賀県立図書館ぐらい。この画期的な基本方針は県議会でも三度登場するなど、県民への約束であったと思う。充実したサービスも含むこの基本計画をもとに二〇〇四年九月、現在の県立図書館は開館したのである。

新刊図書の七〇％程度を継続的に収集するという考え方は、県立図書館の役割と機能からきている。すべての県民に公平に資料や情報を提供する責任を来館者だけで果たすのは難しい。そこで、多くの人が日常利用する市町村立図書館で対応できない資料・情報を県立図書館が引き受け、市町村立図書館を介して提供するという協力関係が必要になる。

九九年当時、県内市町村立図書館の資料購入費は、約一億一〇〇〇万円から一〇〇万円程度まで幅があり、一番多い岡山市でも地区館や分館用に同じ本を複数冊購入するため、新刊の購入比率は三〇％もないといわれていた。状況はその後さらに悪化している。

こうした状況から、市町村立図書館の支援を第一の役割とする県立図書館には大きな期待が寄せられ、新刊図書の七〇％程度の継続的収集と、図書総合目録や資料搬送システムなど図書館ネットワークを構築。すべての県民の読書の自由や知る権利を保障する体制を目指してきたのである。

このように、県立図書館が資料面で最重点にしたのは蔵書冊数ではなく、毎年出版される新刊図書（現在約八万点前後）の七〇％程度の収集の継続。県教委の答弁のように「一〇年間の整備期間」という考え方はなく、蔵書冊数が全国平均に達したから収集を抑えるということにはならない。

今後どのように見直されるか分からないが、県立図書館が生みの苦しみの中から獲得してきた、全国に誇れる「新刊の七〇％程度の収集」という理念を手放すことだけは避けてほしい。図書館は長い尺度で運営しなければならない施設。一〇年の節目をステップに、さらに飛躍してほしいと願

う。（「山陽新聞」二〇一四年九月一七日）

新刊図書の七〇％程度の継続的収集は、新県立図書館の基本方針であり、蔵書構成方針の中心の考え方でしたから、それを失った県立図書館は、自らの目標を失ったといえるかもしれません。現在の収集方針は、「新刊図書は積極的に収集する」と変更されていますが、いかにも頼りなげに見えます。今後の予算要求でさらに厳しい場面に遭遇することも予想されますが、全国に誇れる県図書館ネットワークを活用して、徹底して市町村立図書館を支援できる資料購入費の確保には努めてほしいと思います。

新刊図書の七〇％の継続的収集を手放したことで、他の資料にも大きな影響が出ています。購入雑誌と新聞です。開館年には購入雑誌は七一〇誌（受入誌二一八四誌）でしたが、二〇一五年度は五四七誌と大幅に減少しました。新聞も九〇紙（受入紙一二二紙）から六三紙とこちらも大幅に減りました。新聞は、四七都道府県の地方紙を揃えるという特徴も失われました。新館以前は、購入雑誌は一四八誌、新聞は一五紙という状況でしたから、新刊図書の七〇％程度の収集ばかりが目立っていますが、雑誌、新聞を含め、資料全体での全国に誇れる図書館づくりを目指したことが分かるかと思います。

数量的な面でだけ評価する必要はないのですが、数量の大きさも都道府県立図書館に期待される大きな要素であることは間違いないと思います。

作家の荒俣宏さん[3]が岡山に講演に来られたとき、お忍びで県立図書館を見学されたそうです。その時の印象を生活情報紙『こんにちは、』[4]のインタビューで次のように語っておられます。

「すごいですよ。洋書はあるわ、韓国語・中国語の翻訳はあるわ。まず驚いたのは、地方であるにも関わらず、マルチリンガル（多言語）だなぁ、インターナショナルだなぁという感じがしました。これは東京どころじゃない。（中略）やっぱり、子供をとても大切にしている」。

「本の並びをずっと見たんですが、けっこうマニアックな本がたくさんある。ベストセラーがたくさん入っているのかと思ったら、ベストセラーはあまり見かけないですよね。ちゃんとした本というか、かなりマイナーな物も入れている。あれがいいところじゃないかな」。

「開架式で並んでいる棚を見ても、マニアックな本が並んでいたり、資料類はやっぱりすごいですよね。市や県の行政関係の資料なんか、二階へ行くとハーフフロアを使っています。事実、借りる人はあまり多くはないけれども、あのスペースをあれだけ取っているというのは、なかなか感動しました」。

個人貸出冊数が多いと言えば、ベストセラーばかり購入して貸出競争に県民の税金を使っているんじゃないか、とよくおしかりを受けますが、実際に県立図書館の書架をしっかり見てほしいと思います。荒俣さんはそんなに長い時間おられたのではないと思いますが、県立図書館の本棚から受けた印象を的確に表現してくれました。だいたい、本を選ぶというのは大変な作業です。必ず各館の収集方針や収集基準に基づき、さらに地域住民の声をしっかり反映させながら、一冊一冊を慎重に選びます。ベストセラーだけで済ませようなんて公立図書館があるわけがないのです。どこの公立図書館でもいいですから、ちゃんと書架を見てもらえば分かることです。

なお、岡山県立図書館では、一般図書については一点一冊の収集になっています。たとえ予約が多いベストセラー本であっても複本は購入しません。利用者へのきめ細かい資料提供は市町村立図書館で、県立図書館は市町村立図書館を支援するという立場で幅広い収集を心掛けています。郷土資料については、地域図書館の責任として閲覧・貸出し・保存用と一点三冊の収集を行っています。いつ利用者が来られても必ず資料が利用できるように準備しているわけです。

図書の収集では、新刊図書の収集の他、遡及して必要な本を購入したり、頻繁な利用や温湿度などの影響で傷んだ本を更新したりして、利用者には気持ちよく利用してもらえるようにすることも重要です。資料購入費が大きく減額されると、そうした収集も難しくなるでしょう。また、コーナーとして設置している外国語資料や、重点収集資料の吉備文化資料と交通文化資料も積極的な収集を継続していくことが厳しい状況になるかもしれません。

県図書館等整備基金を活用して資料収集していくわけですが、原資を取り崩していくわけですから、当然基金は早晩底をつきます。その限界を少しでも先延ばしするために、県立図書館の基本方針や蔵書構成方針を無視して、資料購入費を縮小していくというのはあまりにも無責任な判断ではないでしょうか。考え方が逆転しているように思います。基金の原資を増やしていく努力をしたいと県教育委員会はいっています。そのこと自体は評価できるかと思いますが、県民や図書館関係者、議会、行政などが辛い時間を経てつくり上げてきた県立図書館です。その基本方針は、行政の一存であっさり壊してよいはずのものではありません。県立図書館が進むべき方向を表現したものなのですから。

今の県立図書館は、昔の県総合文化センター時代の図書館とは違います。図書館職員にも行政にも、日本の図書館界のリーダーを目指すという自覚が必要です。それだけの準備をし、活動もしてきたわけです。ほどほどでいいというのだけはごめんです。なれない立場で不安はあるとしても決して後ろ向きの話に終始している場合ではありません。困難な時代ですが、先頭に立って公立図書館の未来を切り開いていってほしいものです。

知事は、「教育県岡山の復活」を重点戦略の一つに位置付け取り組んでいます。教育といえば、学校教育を中心に考えがちですが、公立図書館も、県民の知る自由や読書する自由、学ぶ自由を保障する大切な生涯学習の場です。特に、岡山県政が基本目標として掲げる「生き活き岡山」には、県民が必要とする資料や情報を提供して生活や仕事、調べものなどを援助する公立図書館の活動が大きくかかわってくると思います。公立図書館は、誰にも公平に開かれています。誰もが自由に資料や情報を得ることができ、学べる場です。公立図書館の要となって県民の知りたい、学びたいを支援する県立図書館には豊富な資料が求められます。それには結構な費用が必要です。しかし、岡山県を豊かで住みよい地域にするには不可欠なものなのです。

児童図書の全点購入

「岡山県で唯一の図書館、二一世紀の岡山の人づくりのために役立つ図書館、また岡山県の知識や頭脳集積を支援できるような図書館でなければならないと考えておるわけでございまして、そういう意味では高度な調査研究、学術研究に耐えることのできる、いわばグレードの高い図書館であることが、これからの岡山県にとっては極めて重要であると考えております」（一九九〇年二月議会）。

「女、子どもの来る図書館ではない。子どもは市町村で子ども用図書館を作ればよい。子どもはいつまでも子どもではない。大人になったとき役に立つもの、グレードの高いものを作る。ハイグレードでも絵本は買わない。楽しい読書などやっていては人間がダメになる。文庫をやる人は自分で買ってやりなさい」（一九九〇年三月「新県立図書館を考える会」や「県子ども文庫連絡会」の代表者との非公式な会談）。

いずれも知事の発言ですが、新県立図書館の役割や機能について、こうした内容のことを書いた文書はありません。それまでに県教育委員会が公表したものに、『岡山県立図書館基本構想（案）』（一九八九年五月）と『岡山県立図書館・公文書館建設基本計画（案）』（一九九〇年二月）とがありますが、県立図書館をつくるわけですから、知事がいうようなことが記述されるわけがありません。しかし、トップがそういうものですから教育長もその言に従います。知らぬ間におかしな県立図書館像ができあがっていきました。これは知事自身の図書館観なのか、それとも誰かが助言していたのか、いまだに不思議でなりません。県総合文化センターでは児童サービスを実施していませんでしたから、「県子ども文庫連絡会」などの人たちは新県立図書館に大きな期待をかけていました。それだけに、非公式な会談でしたが、直接、知事からこうした発言が飛び出したことは大変なショックだったと思います。まさにに青天の霹靂だったでしょう。

その後の反対運動により、当初の計画は立ち往生し、ついには白紙に戻りほっとしましたが、こうした経緯があっただけに、特に児童サービスについては、市町村立図書館や「県子ども文庫連絡会」などの団体からさまざまな要望が出てきました。中でも、特に強く要望されたのが新刊児童図書の全点購入でした。

・県立図書館でもきちんとした児童サービスを展開していないと、市町村立図書館に対して的確な助言やバックアップができない。児童図書についても全点購入をお願いしたい。県の役割として研究者が児童図書についても研究できるように、また市町村立図書館で購入をちゅうちょする資料についてもきちんと応えることができるようにしてほしい。

・児童図書の研究用図書の収集は、優良図書だけでは比較する資料がないため全点購入が必要ではないか。県立図書館はどんな要求がきても対応できるようにしてほしい。

『岡山県立図書館基本計画』（一九九九年）では、「市町村立図書館の児童サービス発展のために、児童書等に関する情報の収集、伝達、調査、研究などの支援を行う。また、児童に対する直接的なサービスを行う」と、児童への直接サービスを行うことは明らかにしましたが、この段階では児童図書の全点購入についてはまだ触れられていません。

この基本計画を具体的に実施可能な『岡山県立図書館サービス計画』に組み立てる段階で、児童サービスはどうあるべきかが議論されました。

当時の社会的背景も大きく影響しました。二〇〇〇年が子ども読書年でしたが、国を挙げて子どもたちの読書活動を支援する施策がすすめられていました。二〇〇一年には子どもの読書活動の推進に関する法律が制定されます。読書という個人の内面の営為と法律とはなじまない、といった反対も多くありましたが、子どもたちの読書離れを何とか食い止めたいという願いのほうが強かったようです。そこで法律は、懸念の声に配慮して、子どもたちがあらゆる機会とあらゆる場所において自主的に読書活動を行うことができるように、積極的にそのための環境の整備を推進することを基本理念にしたものとなっています。この法律は、政府に対して『子ども読書活動推進基本計画』を策定・公表するよう、都道府県に対しては『都道府県子ども読書活動推進計画』の策定努力を求めています。

岡山県は、二〇〇二年に新世紀岡山夢づくりプランを公表していますが、その中で、「子どもがのびのび育ち、誰もが個性や能力を最大限に発揮できる社会」を取り上げ、そのための重点施策として子どもの読書活動の推進を挙げています。そして、二〇〇三年の新館開館前には、法律が求めていた『岡山県子ども読書活動推進計画〜おかやまどんどん読書プラン〜』[5]を策定しました。

国でも県でも、子どもの読書活動推進に正面から向き合っていたわけですから、新県立図書館の児童サービス計画には強い後押しになったのでした。

児童への直接サービスは当然として、「市町村立図書館の児童サービス発展のために、児童書等に関する情報の収集、伝達、調査、研究などの支援を行う」をどう実現していくかが難しいところでした。基本計画には児童資料研究室の設置が挙がっていました。

そこで、児童資料部門に児童図書研究室を設置して、毎年出版される新刊児童図書（五〇〇〇点程度）を全点購入し、常設展示（二年分）することを考えました。児童図書の研究書や児童文学の研究書、参考図書も展示対象にしました。いまは現行教科書にまで及んでいます。ただ、この研究室は直接児童の利用は想定していません。児童が直接利用できる児童書コーナーへは、司書が収集基準に基づいて選定した児童資料を配架することになります。

背景として、当時、県内には組合加盟の書店が一〇五店ほどありましたが、岡山市や倉敷市を除くと小規模な書店が多く、新刊児童図書を一覧できる機会はほとんどありません。家庭でも、学校図書館や市町村立図書館でも、多くの児童図書の内容を確かめてから購入したり、子どもに与えたりすることが困難な状況でした。児童図書研究室に新館児童図書を全点購入・展示することで、多くの方々に有効に活用していただけるのではないかと考えました。市町村立図書館の司書や学校図書館の司書教諭や学校司書、子ども文庫の関係者、さらには研究者、学生、保護者のみなさんに出版状況を知ってもらったり、選ぶ時の参考にしてもらったり、研究に利用してもらったりすることを目的にしました。

児童図書は新刊点数にしても五〇〇〇点程度と多くはありません。全点購入することで、児童図書についての読みたい、調べたいことなどは県内で対応可能になります。県立図書館がその最終的なよりどころとなる、その意味は大きいと考えています。

また、児童図書は子どもたちの活発な利用で激しく傷みます。将来の保存のことを考えても直接児童へ提供するものとは別に収集保存していく意味があります。

当時、滋賀県・鳥取県・大分県立図書館などでも児童図書研究室を運営していたように思います。ただ、児童図書については、絵本の全点収集とか、絵本・読み物の全点収集とか、範囲を限定した収集をしている図書館は見受けられましたが、児童図書を全点購入するという図書館はなかったように思います。

主題部門別開架方式の採用

新県立図書館は、調査・研究センターの図書館として、「高度情報化や生涯学習社会の進展にともない、県民の要求も多様化・専門化することが予想され、これら知的ニーズに応え得る調査・研究援助機能を備える」(『岡山県立図書館基本計画』)としています。

県民は、新県立図書館に対して多様な要望を持っています。何より県立図書館では必要な資料、情報が必ず入手できる、さまざまな問い合わせや調査研究にも適切に対応してもらえるという期待が強かったのではないでしょうか。これらは市町村立図書館の要望でもあります。こうした期待に応えるために、新県立図書館は大規模な閲覧室を設置して豊富な資料（三〇万冊開架）を提供するとともに、調査・研究援助機能を充実させるために主題部門別開架方式を採用することにしました。これは、利用者が求める資料を見つけやすくする、また司書が資料内容に精通しやすくすることなどのために、全体の資料群を適当な範囲でグルーピングしたものです。当時、この方式で運営している図書館が四館程度あったと記憶しています。

具体的には次の六つの部門にグルーピングしました。

一階には、参考資料（約一万冊、専門的な参考図書は各部門に）、人文科学資料（約一三万冊）、児童資料（約三万冊）の三部門。二階には、社会科学資料（約五万冊）、自然科学・産業資料（約五万五〇〇〇冊）、郷土資料（約二万五〇〇〇冊）の三部門。雑誌も、各部門に主題別に配架しています。開館時、一、二階合わせて約三〇万冊の図書と購入雑誌七一〇誌、新聞九〇紙を並べました。

六つの主題部門には、それぞれ専用のレファレンスカウンターと専任の司書を配置し、資料案内からレファレンスサービスに至るまで充実した調査・研究援助ができるようにしました。資料の貸出・返却処理は、一階入り口に、別に専用カウンターを設置したので、主題部門の司書は、それぞれの部門に特化した資料案内やレファレンスサービスに集中することができます。閲覧席も約四〇〇席あり、その半数では利用者の持ち込みパソコンでインターネットに接続可能です。利用者は、図書館資料とネット情報を駆使して調査研究ができます。もちろん図書館備え付けのアクセス端末も自由に利用できます。

主題部門ごとに資料群を区切り、それぞれに専用のカウンター、専任の司書を配置するとなると、いくつかの課題が生じてきます。一番の課題は職員数でした。どうしてもより多くの職員数が必要になります。当時、岡山県は財政危機宣言が出されるくらいでしたから、正規職員の増員は見込めません。施設も大規模で、サービス内容もかなり拡大した図書館になりますが、正規職員は、県総合文化センターの定数以内に抑えるというのが大前提でした。

最初は三八人で検討をすすめましたが、最終的には四〇名でスタートできました。正規職員数四〇名というのは当時の都道府県立図書館の平均だったと思います。ただ、主題部門別制によるサービス方式ですから、到底その人数ではカウンター業務は維持できません。業務内容の分析を行い、正規職員が携わらなければならない業務、そうでない業務と細分化しながら、さらに勤務のローテーションも組み立てながら検討をしました。土・日・祝日の勤務については、利用者へ直接サービスを展開する窓口に可能な限り全職員を集中させ、窓口業務の低下が起こらないように配慮しました。

この時、思いました。仕事内容を専門的業務と非専門的業務とに分けて検討するわけですが、現場では仕事を細かく区切ることは難しく、利用者は専門的、非専門的に関係なく全職員に援助を求めてきます。ためにする仕事のように思えました。配架作業などは非専門的業務に仕分けられますが、正規の司書が配架作業を行う場合と、非正規の職員が配架作業を行う場合とでは、その仕事内容は質的にかなり違ってきます。書架に本をギュウギュウに詰めない、入らない場合は前後三段ぐらいで本のならしをする、配架ミスがあれば正す、本の顔を覚える、配架作業をしながら利用者に資料案内やレファレンスサービスも行う。こうしたことを正規の司書は当たり前にこなしています。配架作業は非専門的業務だからとアルバイトに任せるよりも、正規の司書が当たった方が図書館サービスの向上に結びつくことは間違いありません。司書の能力は固定化されるものではないのです。図書館の仕事はどうも細分化には向いてないように思えました。

細かい検討作業の結果、正規職員以外に二〇数名の非正規職員が必要となりました。他にアルバイトも必要です。都道府県立図書館の平均が六〇名近くですから、職員数全体ではかなり多くなりました。

しかし、調査・研究センターとしての図書館は新県立図書館の大きな柱です。それを実現するための主題部門別制です。職員は多く必要になりますが、県民の期待に応えるために、また市町村立図書館からの多様でより専門的なレファレンス（調査・研究）の支援体制を確立するためにどうしても外せません。できるだけ正規職員数を低く抑えて、しかもサービス内容も低下しない方法を模索しました。そこで出てきたのがこれまではなかった嘱託職員です。正規の職員のもとで専門的業務に当たってもらいます。

嘱託職員は、司書有資格者を対象に採用試験を行いました。二二名の採用となりました。一年契約ですが図書館長が必要と認めるときは、最長三年間の任用期間となります。新県立図書館では、正規職員と嘱託職員が中心になって主題部門別サービスを展開することにしました。嘱託職員としての司書を育てながらのカウンター業務でしたが、専門的な基礎知識はみなが一定レベルで身に付けていましたので、正規の職員との連携でカウンター業務は順調に進んだのではないかと思います。

当時、この嘱託職員はよい制度のように思いましたが、嘱託職員の立場に立てば、過酷な制度ともいえます。三年経てば、そこまでの経験はゼロに戻されます。引き続き働きたい場合は、同一条件で再度採用試験に挑戦しなければいけないのです。三年の間に、正規職員の採用試験でもあれば挑戦もできますが、なかなかそういったチャンスも少ない状況です。

主題部門別のサービスを実施する上では、職員数だけでなく、職員の専門性の向上も課題の一つでした。新県立図書館の構想が持ち上がった一九八七年から新県立図書館で働いてもらう正規司書の採用を始めましたが、なかなか新館の動きがはっきりしません。新館開館までの確実なスケジュールが決定したのは一九九九年の『岡山県立図書館基本計画』の公表によってでした。最初の司書が採用されてから実に一二年が経過していました。仕事へのモチベーションも低下していたに違いありません。ここからどう意識を切り替え、専門性や資質・能力の向上を図っていくかが大きな課題でした。

その頃から、新県立図書館運営の柱となる次の事業に取り掛かる必要がありました。

・県公立図書館ネットワーク推進協議会を中心に県内公立図書館ネットワークの構築
・分散型総合目録検索システムのギガビットネットワーク実験
・デジタル画像情報提供システムの運用
・県立図書館の基本設計、実施設計への参加
・『岡山県立図書館サービス計画』の作成
・新館用の資料緊急整備（開館前三年間で約一二万冊購入）

これらの事業に積極的に参加してもらうことでモチベーションを上げ、また司書の専門性の向上を目指すことにしました。

県内公立図書館ネットワークは、県図書館横断検索システム、資料搬送システム、郷土情報ネットワークなどからなる、公立図書館の連携・協力を推進するシステムですが、県と市町村立図書館の司書が約五年、二〇回以上の協議を重ねることになります。

基本設計、実施設計の検討では、待たされ続けた図書館だっただけに、司書の心には熱い思

いが溢れており、それらを一つの方向に収れんさせるのが大変でした。基本設計だけでも五、六案ぐらいまでいったのではないでしょうか。実施設計に至っては、カウンターの位置、書架の配置方法・高さ・材質、サインの位置・文字の大きさ・表現方法、フロアーの材質、コーナーの名称などと、いくら時間があっても追いつかないという状態でした。

サービス計画の作成と資料の緊急整備では、新館での主題部門の担当司書を想定してそれぞれの業務にあたりました。サービス計画では、すべての主題部門に共通する基本的事項と、主題部門ごとに必要なサービス内容について詰めを行いました。また、市町村立図書館支援の具体策、図書館未設置町村への援助計画、電子図書館の推進策、職員の研修計画、新県立図書館サービス指標の選定とサービス目標値の決定など多岐にわたる事項の詳細な検討を進めました。

資料の緊急整備では、主題部門ごとに担当司書が新刊図書の選定・購入、変化が著しい分野の参考図書や基本図書の更新と新たな収集、新しく始める児童やAV資料の選定・収集、大幅な増加が見込まれる雑誌・新聞の選定などを行いました。開館までの三年間で約一二万冊の図書、雑誌約七〇〇種、新聞約九〇紙の選定を済ませたことになります。

文部科学省や日本図書館協会が行う研修会や他の図書館視察にも職員は積極的に参加しましたが、日常業務の中で新館準備として行った県内公立図書館ネットワークの構築や設計への参加、サービス計画の作成、資料の緊急整備作業などが、一番職員のモチベーションを高め、資質・能力の向上に役立ったように思いますし、新館でのサービスの質の向上に結びついていったのではないでしょうか。これらの作業を通じて得られた司書の専門性は岡山県の大きな財産になっています。

主題部門別サービスの利点は、県民や市町村立図書館をより専門的に支援できるというだけでなく、パスファインダーの提供、テーマ展示、イベントの開催、リンク集の作成など間接的な支援の環境作りでも力を発揮しています。例えば、テーマ展示は年間一二回、二四テーマで展示され、展示と同時に関連資料リストも作成配布されます。イベントでは、月一回程度でことん活用講座を企画実施、同時に関連資料の紹介、パスファインダーでは、例えば社会科学資料部門ではビジネスに関する情報、学校教育に関する情報、法律に関する情報、子育てに関する情報、統計情報などの他、お役立ちリンク集も用意されています。こうしたことが六部門で展開されるわけですから、利用者への情報サービスは相当な量になります。また、部門間に適度な緊張関係をもたらし、仕事の質を知らぬ間に押し上げているようにも思います。

県立図書館資料の活発な利用には、主題部門別サービスによる的確・迅速な資料案内やレファレンスサービス、それにテーマ展示・関連資料リスト・イベントなどを通じて資料の見える化を図っていることが大きな効果をあげているのではないでしょうか。

注

（1）図書館振興対策プロジェクトチーム編『図書館政策の課題と対策』図書館振興対策プロジェクトチーム、一九七〇年

（2）滋賀県図書館振興対策委員会編『図書館振興に関する提言』滋賀県図書館振興対策委員会、一九八〇年

（3）荒俣宏（一九四七年生、小説家・博物学者、日本ＳＦ大賞・サントリー学芸賞など受賞）

（4）『こんにちは、』岡山初のフリーペーパー、ジョセイ新聞社、一九七九年～

（5）岡山県教育庁生涯学習課編『岡山県子ども読書活動推進計画～おかやまどんどん読書プラン～』岡山県、二〇〇三年

第六章

待ちに待った県民の図書館

岡山県立図書館の誕生

一九九〇年に県・県教育委員会が『岡山県立図書館・公文書館建設基本計画（案）』を公表しましたが、建設予定地の選定や県立図書館の機能を巡って反対運動が起こり、建設計画は長い迷走の末、一九九七年に知事の退任により白紙に戻りました。この期間を県立図書館建設計画の第一次とすると、一九九八年から始まる第二次の県立図書館建設計画は、第一次の失敗を反省し、県民や図書館関係者の意見を十分に反映させながら順調に運んだといえるでしょう。そして、二〇〇四年九月に、待ちに待った新岡山県立図書館が開館しました。『岡山県総合文化センター等の再編整備について（答申）』（一九八七年）からここに至るまでの約一七年間の経緯を考えると、県民、図書館関係者、議会、行政などみんなの力で作った県立図書館といえるのではないでしょうか。一九五七年から県総合文化センターという名称で活動してきましたから、約半世紀ぶりに岡山県立図書館という名称も復活したことになります。

開館前後の図書館関連の動きを少し見てみます。二〇〇一年七月、図書館法が公布（一九五〇年）されて五〇年を経過してやっと、「公立図書館の設置及び運営上の望ましい基準」が告示されました。一二月には、子どもの読書活動の推進に関する法律が公布されます。二〇〇三年五月には、個人情報の保護に関する法律と行政機関の保有する個人情報の保護に関する法律が施行になりました。六月には経済財政諮問会議の「経済財政運営と構造改革に関する基本方針二〇〇三」が閣議決定されますが、この中で雇用機会の創造ということで起業による就業機会の拡大を図るためビジネス支援図書館の整備が言及されていました。同じく六月、地方自治法の一部改正があり、公の施設について地方公共団体の指定を受けた指定管理者が管理を代行できることになります。七月には、著作者・図書館・出版社の間でベストセラーの大量購入や新刊図書の貸出期間の制限、公貸権制度の導入等をめぐって混乱していた事態を打開するため、日本図書館協会と日本書籍出版協会が共同で公立図書館貸出実態調査を行っています。二〇〇四年七月には文部科学省が、これからの図書館の在り方検討協力者会議を設置します（『これからの図書館像―地域を支える情報拠点をめざして（報告）』が発表されるのは二〇〇六年四月）。二〇〇五年七月には、文字・活字文化振興法が公布されます。なお、二〇〇三年から二〇〇五年にかけては平成の大合併がピークを迎え、市町村数が大幅に減少していきました。

新県立図書館は、県立博物館や美術館、オリエント美術館、林原美術館など各種の文化施設が集まる岡山カルチャーゾーンの一角に建設されました。建設にあたっては次の三点を基本的な考え方としています。

①歴史・文化・自然が一体となった地域の環境づくり

②二一世紀の情報拠点としての施設づくり

③人と環境にやさしい施設づくり

二一世紀の高度情報化社会で、紙媒体からデジタル媒体まで多様な資料や情報を扱う図書館という意味で、「新しい世界が広がる図書館」をキャッチフレーズにしました。

敷地面積約一万三三〇〇㎡、建築面積約四三〇〇㎡、延べ床面積約一万八二〇〇㎡、地上四階・地下一階（免震構造を採用）、収蔵能力二三〇万冊（書庫二〇〇万冊、開架三〇万冊）という内容で、全国でも有数の規模になっています。

管理運営については、県教育委員会が責任をもってあたることになりました。開館前年度の二〇〇三年六月には、地方自治法の一部改正があり、公立図書館の管理運営を民間企業でも代行できる指定管理者制度の導入が可能になっていました。官から民へという大きな流れが行財政改革の中で進められ、積極的に民営化を推奨する政策が強まっていたわけです。岡山県立図書館でも指定管理者制度への対応が急務となっていましたが、その問題については開館以降に協議することになりました。

新しい県立図書館には、いくつかの特徴があります。

まず、大規模な閲覧室（三〇万冊開架）を有し、主題部門別（六部門）の開架方式を採用していることです。六つの主題部門には専任の司書を配置し、調査研究機能の充実を図っています。

次に、県内図書館ネットワークシステムの充実があります。中心は、県内公共・大学図書館等の総合目録になる県図書館横断検索システムと、物流システムとしての図書館資料搬送システムです。図書館間の連携・協力を緊密にすることで、県民の知る自由を保障する役割を強固にしています。

また、電子図書館の構築があります。デジタル岡山大百科といい、①県図書館横断検索システム②郷土情報ネットワーク③レファレンスデータベースの三本柱から構成されています。特に、郷土情報ネットワークは、県図書館横断検索システムが資料の目録の検索であるのに対して、動画情報（観光、芸能、工芸など）や絵図、古地図、和装本、行政情報、生涯学習情報、博物館情報などデジタル化された資料の中身を見たり、聞いたり、読んだりできるようになっています。蓄積される情報は、県民・図書館・研究機関などみんなで育てる仕組みになっており、時間をかけてデジタル岡山大百科に育てていくものです。

さらに、資料保存センターという役割を持っていることです。二〇年分の収蔵能力がある二〇〇万冊の書庫を有し、さらに二〇年分・二〇〇万冊分の拡張の余地を確保しています。県立図書館の資料保存だけでなく、市町村立図書館から資料を預かり保存していきます。

充実した資料収集も特徴といえます。新刊図書の七〇％程度の継続的収集、新刊児童図書の全点購入、大活字本の全点購入、購入雑誌約七〇〇誌、購入新聞約九〇紙、有料データベースの提供（六種類）などです（数字は開館時のものです）。

これらの特徴は、県立図書館が県民、市町村立図書館へ資料や情報の提供を徹底して行うという姿勢を表したものです。

一人ひとりを大切に

新県立図書館は、二〇〇四年九月二五日（土）に開館しましたが、開館時間前からおびただしい人が正面玄関前に集まっていました。みんなの高揚した顔が今も鮮明に残っています。駐車場（一七〇台分）もすぐに入場制限がかかるほどでした。正午のテープカットで入場が始まりましたが、長い列は途切れることがありません。地下の駐車場からの階段も人の列が続きます。エントランスホールは入館者であふれんばかりでした。

予想を上回る驚きの光景でしたし、こんなに多くの人に期待してもらっていたんだと思うと胸が熱くなりました。教育長が「よかったな」とつぶやいたのが耳に残っています。

初日は、半日だけの開館でしたが、実に七八一八人という入館者がありました。貸出された資料も八〇〇九冊と驚くべき数字でした。何しろ前年度の県総合文化センターの一日平均の個人貸出冊数が三九五冊だったのですから。この状況は開館日以降も連日続きました。大げさですが、図書館が呼吸している、活動していると実感しました。開館した年は、半年だけの開館でしたが、個人貸出冊数約五六万冊、一日平均三七九〇冊にもなりました。

利用者からの手ごたえは十分でした。ただ、新館が開館すると、最初の数年はどこの図書館でも入館者数や個人貸出冊数など、どの数字も大きく伸びます。活動内容というより、新しい図書館が持つインパクトが影響している場合が多いようです。三、四年間はご祝儀的な増加と考え、決して図書館の実力が上がったからなんて思わない方がよい。それが証拠に、五年も経つと多くの図書館でそれらの数字は下降しています。

これまでの入館者数から考えると、大半は初めて県立図書館を利用する人達です。ただ賑わいへの参加だけで終わらせてはいけません。新たな利用者を開拓するチャンスです。慌ててはいけません。大勢の利用者で混乱していても、登録の際には利用案内を丁寧に行い、資料を求める利用者にはきめ細かい資料案内を行い、貸出中や未所蔵の資料を求められたら必ず予約やリクエストに導くなどサービスの基本を徹底し、利用者が求める資料や情報は必ず提供するという図書館の姿勢を示していくことを心がけました。多くの利用者として対するのではなく、利用者一人ひとりに正面から向き合い誠実に対応する姿勢が求められます。そうした対応を続けることで新しい利用者の信頼と期待を得ることができます。

新館開館時は大勢の利用者があり、また多くのイベントも行われ、館内全体がにぎわっていました。少々の失敗もかき消されてしまうでしょう。しかし、そうした賑わいで安心してはいけないと思います。賑やかさの中でも利用者にきちんと対応する。図書館サービスは、一人ひとりの利用者を大切にするというところが基本です。

職員研修

すべての県民の知る自由・学ぶ自由・読書する自由を支えるため最重要と考えていた県内図書館ネットワークですが、開館までに、総合目録となる県図書館横断検索システムと物流システムとしての県図書館資料搬送システムを構築でき、県民は住む地域に関係なく県立図書館・市町村立図書館・大学図書館などの図書館資料を大きなストレスなく利用できるようになりました。資料利用の範囲が大きく広がりました。しかし、システムはサービスを提供するための一つの道具に過ぎません。それを活かして利用者に満足してもらえるサービスを提供できるかどうかは、一に職員の力量にかかっています。

県内図書館全体のサービス向上のためには制度としての職員研修が非常に大事になってきます。図書館によって、司書によって、県民が受けられるサービスに著しい違いがあっては困ります。どこの図書館でも、資料案内をきちんと行い、利用者が求める資料を迅速、確実に提供する。その図書館にない資料でも新たに購入したり、他の図書館から取り寄せたりして提供する。こうした基本的なサービスが、どの図書館でも当たり前に行われることが大事です。一人の利用者をネットワーク参加館みんなで援助する。簡単にノーとは言わない図書館サービスが大切です。このことはすべての図書館職員が共通に認識しておく必要があります。そのための職員研修です。

職員研修では、県立図書館や「県図書館協会」が果たす役割が大きくなります。県内すべての図書館職員を対象にした研修を継続的に行い資質・能力の向上を図っていく必要があります。

まずは、県立図書館が主催する図書館職員等研修講座があります。この講座は、県・市町村立図書館職員、市町村公民館図書室職員、小・中・高等学校の司書教諭・学校司書を対象に行っています。初年度は半年の開館でしたが、次のような研修を行いました。

①図書館業務説明会（新県立図書館業務の説明）

②図書館業務講習会「新しい図書館員のために」（講師　小寺啓章氏）
③教養講座「青空文庫について」（講師　富田倫生氏）
④児童・障害者サービス研修「ハンディキャップをもった子どもたちへの読み聞かせ」（講師　岡泰子氏）
⑤児童サービス研修（一）「児童図書館の現状〜これからの児童サービスを考える」（講師　大原寿美氏）
⑥図書館業務研修会「改訂『公立図書館の任務と目標』とこれからの図書館」（講師　塩見昇氏）「いま、何が課題か〜公立図書館の状況〜論議のための問題提起として」（講師　田井郁久雄氏）
⑦児童サービス研修（二）「絵本の世界と読み聞かせ」（講師　正置友子氏）

この図書館職員等研修講座では、基本的・トピック的な一般研修と専門研修とをバランスよく実施していく計画です。「県図書館協会」も年間五、六回の研修・講習会を実施しています。

図書館には司書が必ず必要です。しかし、司書資格があれば利用者に満足のいくサービスが提供できるというものではありません。最近の指定管理者を見ていると、司書有資格者の割合が直営の場合より高く、専門性の面でも配慮していると宣伝しています。誤解を恐れずにいえば、司書有資格者が多くいれば専門性の高いサービスが提供できるというものではありません。資格が有るというのは、図書館で仕事をする場合のほんの入り口に過ぎません。日常の仕事の中で利用者から多くを学ぶ、先輩司書から指導を受ける、国や県や団体などが行う研修会に参加する、もちろん職場での研修も重要です。そこで、資格を得るために学んできた基礎知識に肉付けをしていく必要があります。これは四、五年で完成するというものではありません。社会が変化していくのと同じで、司書は常に向上していかねばなりません。一〇年、二〇年、三〇年と学び続けなければならないものです。指定管理者によくみられるような、二、三年で次々に入れ替わる司書に専門性を求めるのは無謀というものです。そういう職場を公立図書館と呼ぶには無理があります。経験主義と揶揄するものがいるかもしれませんが、司書には経験に裏打ちされた理論が必要なのです。岡山県で、研修会に基本的・トピック的な一般研修と専門研修というステップを用意しているのもそのためです。

利用者からの信頼を得るには、日々の業務や定期的な研修会を通じて獲得される専門性の向上が不可欠です。司書は、資料や情報を提供することと並行して、資料や情報の調べ方・探し方などの知識や技術も利用者に提供していく必要があります。そのことによって利用者はより自由な図書館利用が可能となっていきます。その分、司書はより新たな、質の高い知識や技術を身に付けることが必要になるわけです。研修は、図書館界全体のサービスの質・量を共に拡大していくうえで重要なものです。

市町村立図書館、特に、小規模な図書館や分館では、非常勤職員だけで、しかも少ない人数で運営している場合が多くあります。職場内の研修も難しいようですし、県立図書館や「県図書館協会」が実施する研修会でさえ、なかなか参加しにくい状況があるようです。市町村教育委員会にはそうした事情にも目を配りながら、必要な研修会には職員が必ず参加できるような環境の整備が求められます。

ボランティアの研修

新県立図書館には、ボランティアとして活動したいという声がたくさん寄せられました。図書館でも、みなさんの知識や技術を提供していただけたらと考えていました。ただ、無条件に活動の場を提供すればいいというものではないと考え、公立図書館の役割や機能、ボランティアの意義などを理解してもらったうえで参加してもらうことにしました。

開館前年度に、まずは要望が多かった障害者支援と児童サービス支援でのボランティアを募集することにしました。そこで事前にいくつかの講座を用意しました。どんなに専門的な知識や技術をもっておられるベテランも、この講座を受講することを新県立図書館のボランティアとして活動する条件としました。

以前から、「県子ども文庫連絡会」や「県朗読技術友の会」「ストーリーテリング研究会」の方とは講習会や研修会で協力関係にありましたし、県立図書館の建設に関しても大きな力になってもらっていました。新館の運営でも力を貸していただけるのは心強いことでした。

講座は、図書館ボランティアとして活動するために必要な基礎的知識・技能の習得を目的としたものとなっています。

①児童サービス支援コース（基礎講座三回、専門講座四回）

②障害者利用支援コース（基礎講座三回、専門講座四回）

こうした講座を受講後、新館から多くのボランティアに活動してもらっています。児童サービス支援では、日常の読み聞かせ、ストーリーテリング、紙芝居のほか、各種のイベントでも活動してもらいます。障害者支援は、障害や病気等で活字による読書の困難な方への代読サービス等を行うものです。

ボランティアとの連携・協力によるサービスの提供は、今や県立図書館には欠かせないものとなっています。そのため、ボランティアの資質の向上も日常的に求められています。県立図書館では、自館のボランティア、さらには県内の図書館等で活動しているボランティアの知識・技能の向上を図り、県民の読書活動をいっそう推進できるようスキルアップ講座を定期的に開催しています。次は最近の講座内容です。

①児童サービス支援コース

講義：おはなし会をもっと楽しく、説明：二〇一三年話題の絵本について、講演：生きる力を育てる絵本選び、講義：絵本とわらべうたの力を体験しよう、講義：絵本から物語へ、演習：読み比べ―テーマを決めて―

②障害者利用支援コース

対面朗読技術のスキルアップ演習（四回）、点訳朗読奉仕員養成講座：障害者支援サービスと読み方調査（一回）、講義：視覚障害の理解と、心がけたいマナー（一回）

なお、新館開館後は、情報サービスの分野においてもボランティアの協力を得て、インターネット端末の操作方法や、各種データベースの利用方法等を案内してもらっています。

巡回相談

県立図書館は、県内公立図書館全体のサービス向上に努める必要があります。そのためすべての市町村に図書館が設置され、それらが活発に地域住民に活用される環境づくりを援助する仕事が重要です。市町村立図書館が活発になることで、県立図書館が所蔵する豊富な資料への貸出し要求やレファレンスの援助要望が出てくるわけで、市町村立図書館の支援という県立図書館の第一義的な役割をよりいっそう果たすことができるわけです。併せて、市町村立図書館間の相互協力がスムーズに展開できるよう援助していくことも重要です。

しかし、市町村立図書館への支援は、単に資料や情報を提供すればいいというところにとどまりません。県と市町村立図書館の司書が顔を合わせて話し合う、お互いの図書館の状況を確認しあうことも重要です。司書と司書がつながっていないと図書館協力もなかなかうまくいきません。これまで、日常の業務を通じて、また「県図書館協会」や「県青年図書館員研修会」などさまざまな団体活動を通じて人的ネットワークは作られてきましたが、さらに発展させる必要がありました。

県内の公立図書館間で資料の相互貸借を制度的に始めたのは一九六六年からです。「県図書館協会」が資料相互貸借規程を定めたのが初めです。当時は、職員が直接借りに行くか、郵送での借り受けでした。資料搬送と巡回相談を同時に行うようになったのは、一九九六年度の巡回協力車の運行からです。県立図書館の司書が、市町村立図書館から要求があった資料を巡回協力車で届けるようになりました。それまでの郵送便では当然費用が発生しますから、市町村立図書館にしても利用者の要望にすべて応えるというわけにもいかなかった場合もあったのではないでしょうか。巡回協力車の場合は、市町村立図書館には直接費用が発生しませんから安心して相互貸借依頼ができます。また、巡回協力車の場合、県立図書館の司書は資料を搬送するだけでなく、市町村立図書館の問題点や運営などについて相談を受けたり、市町村立図書館を見学したり、実態について教えてもらったりするいい機会にもなります。人と人とのネットワークが日常業務の中で成立するわけです。しかし、巡回相談を受けると、一日に多くの図書館を回るのは厳しくなります。すべての図書館を月に一～四回程度巡回できればいいぐらいでした。そうなると、資料搬送という面では不十分ということになります。

そこで、新県立図書館では市町村立図書館への資料搬送と巡回相談を切り離すことにしました。搬送事業は民間の宅配便で、巡回相談は司書が巡回協力車で別に訪問するという方法です。

試行を経て、新館開館から本格実施しました。搬送事業は市町村立図書館に週一回（現在は週二回）、巡回相談は中央館だけでなく、地区館、分館も含めすべての図書館を年間一回程度訪問しています。資料の搬送と巡回相談が分離されたことで、巡回相談はより意識的に行えるようになりました。県立図書館と市町村立図書館の連携・協力がよりいっそう進んだように思います。

巡回相談では、館長や担当司書と直接話します。このことが大事です。市町村立図書館の館長や担当司書と話す機会はいくらでもありそうですが、なかなかそうでもありません。直接会って、県立図書館の協力貸出しや協力レファレンス、職員研修のことなどを話しながら、市町村立図書館の支援についてはいつも考えている姿勢を理解してもらうことが重要です。また、向き合って話す中で、県立図書館への要望も出てきやすくなります。何に困っているのかが見えてきます。すぐに応えられることはその場で、持ち帰る必要がある相談については後日回答します。互いに課題を共有することで連携は前に進みます。何も相談事がなくても顔を見てもらう、館内をしっかり見せてもらう。カウンターの様子、開架図書の内容、利用者の雰囲気、学ぶものはいくらでもあります。そうして、県立図書館と市町村立図書館の信頼が育ち、図書館サービスの充実を図る力になります。

専任職員がある程度いる市町村立図書館では、資料案内やレファレンスサービスなどで互いの仕事を見ながら学んだり、助言し合ったりできます。また、朝礼や職員研修会で、他の職員の事例を聞き、解決策を学ぶ機会が出てきます。おのずから道が開けてきます。ところが、小規模な図書館では、利用者の求めにすぐには応じられない場合が多く自信喪失に陥っていきがちです。分館によくみられる非常勤職員だけの職場では、たとえ司書の資格を持っていても、勤務経験が短い人が多いので、資格だけではいかに無力かを思い知らされます。いずれも切実な悩みです。また、新館計画が持ち上がっている図書館からは、新館構想や計画の参考になる事例や視察したら参考になる先進館の紹介などを求められます。指定管理者制度の導入を迫られている図書館からは、指定管理者制度の問題点や導入の是非、参考資料などについての相談を受けます。これら市町村立図書館が抱えているさまざまな問題への対応では、県立図書館の力量が試されます。日頃から、図書館界の課題を自らのこととして引き受け、関係資料を集めたり、分析したりと、前へ前へと進めておかないと相談者への役に立てません。

巡回相談では、市町村立図書館から求められて提供する調査資料の他、図書館計画や予算要求等で活用してもらえるよう、県内公共図書館調査の集計や人口規模別に全国同規模図書館のサービス状況を比較した自治体別指標、『図書館協力ニュース』（県内図書館のニュース、全国図書館のニュース、研修会の報告、研修予定など収録、毎月発行）なども作成し提供しています。

平成の大合併以降、自治体が広域化したことで地区館、分館を設置する動きがありますが、ただ公民館図書室を条例で図書館にするという例も多いようです。その場合、正規の専任司書が配置されることはまずありません。また、いかにやる気がある司書を臨時職員として配置しても、資料費が極端に少なく魅力ある本が買えない分館では、住民にそっぽを向かれてしまわれがちです。中途半端な図書館がいかに無力か、そこで働く司書、特にまじめな司書ほどいかにつらい思いをしているか、巡回相談でいやというほど教えられます。

県立図書館は相談者（市町村立図書館）に鍛えられます。相談者とともにより高いレベルに到達できるよう努力していく必要があります。県内すべての市町村立図書館がある一定レベル以上のサービスが提供できるようにならないと、県民の資料や情報の利用環境が整備されたとはいえません。そのためには、県立図書館からの資料や情報の支援、巡回相談などだけでは無理があります。県や市町村の教育委員会にも地域の図書館事情についてもっともっと知ってもらって、教育委員会と図書館が一体となって図書館振興を図るために努力することが求められます。

近年、多くの市町村立図書館で正規の専任職員が減らされている状況を考えると、特に県立図書館からの図書館運営に関する援助がよりいっそう重要になってきているのではないでしょうか。巡回相談の必要性は高まっているように思います。

なお、岡山県内にも図書館未設置の自治体が二つあります。県立図書館は、そちらにも巡回相談で出かけていき、公立図書館が持つ意味や図書館ネットワークの大切さ、県内図書館の状況などを話しながら、図書館設置についての気運の醸成に努めています。

中期サービス目標を策定

文部科学大臣は、図書館の健全な発達を図るために『公立図書館の設置及び運営上の望ましい基準』（二〇一二年からは『図書館の設置及び運営上の望ましい基準』）を二〇〇一年七月に告示しました。この望ましい基準は図書館法の規定に基づくものですが、図書館法が公布されたのは一九五〇年です。何と半世紀も経過してのことでした。証文の出し遅れともいわれかねない時期での公表ですが、総則で、「公立図書館の設置者は、この基準に基づき、同法第三条に掲げる事項などの図書館サービスの実施に努めなければならない」とあり、公立図書館にとっては重要な基準になります。この望ましい基準の中で、「公立図書館は、そのサービスの水準の向上を図り、当該図書館の目的及び社会的使命を達成するため、そのサービスについて、おのおの適切な『指標』を選定するとともに、これらに係る『数値目標』を設定し、その達成に向けて計画的にこれを行うよう努めなければならない」としています。

この望ましい基準に基づき、県立図書館では『岡山県立図書館サービス計画』(二〇〇四年九月)を作成し、その中で、サービス指標を選定し、数値目標も定めていましたが、開館後の想定以上の利用状況から検討し直し、二〇〇六年四月に数値目標等を修正した新たな計画『岡山県立図書館の中期サービス目標―県民図書館振興プラン―』を策定しました。

この計画は、県立図書館が、どこの地域であれ、また年齢を問わずすべての人が公平に利用できる県民に開かれた図書館となれるよう、県民図書館振興プランとしておおむね五年程度の中期サービス目標と具体的方策を定めたものです。開館初年度の高い実績(入館者数や個人貸出冊数、資料購入費、レファレンス件数など)を単なる初年度効果に終わらせることなく、本来の図書館サービスとして定着させられるよう、その実現に向けて努力していくことを職員みながが確認したものでもあります。

県総合文化センター時代の実績と比較すれば、一夜にして県立図書館の姿が変わった様子がよく分かります。

グラフ11に見られる大きな変化が、職員の日常の努力の積み重ねで実現したものであれば、達成感とともに揺らぎのない自信につながると思いますが、新館に変わったという要素があまりにも大きく、実力からきているのではないという声を常に意識させられていました。多分、職員全員がそういった不安な思いを持っていたのではないでしょうか。新館で目覚ましい活動をした図書館が、三、四年で低迷していった例を多く見聞きしてきました。新館開館時が頂点であっては情けないわけで、そこが出発点という意識を職員が持たなければいけません。

グラフ11　県総合文化センターと県立図書館の個人貸出冊数の推移

県立図書館が好調に滑り出した一方、全国の公立図書館は長期化する財政難の中であえいでいました。資料購入費は大幅に削られ、正規の専任職員数の削減も進んでいました。官から民へという流れは図書館界にも浸透してきており、図書館サービスの根幹である窓口業務が民間に委託される事例が相次いでいました。さらには、二〇〇三年六月の地方自治法の一部改正により、指定管理者制度に道が開かれ、運営費の効率化、開館時間の延長や開館日の拡大等を目的に民間企業に公立図書館の管理運営を代行させるケースも少なからず出始めていました。そんな中、子どもの読書活動の推進に関する法律（二〇〇一年一二月）と文字・活字文化振興法（二〇〇五年七月）が相次いで公布されました。どちらも重要な法律であり、公立図書館が子どもの読書環境の整備や文字・活字文化の振興に大きな役割を担うことが期待されていました。図書館界全体が大きな転換期にさしかかっていたといえるでしょう。

そんな折でしたから、新県立図書館が、真に県民の図書館としてさらに飛躍していくため、初年度効果に惑わされることなく、サービス内容をさらに充実・強化していくための中期サービス目標策定の必要があったわけです。

県立図書館は『岡山県立図書館基本計画』の中で、その目指すべき方向として五本の柱を立てました。

①県民に開かれた図書館

②県域の中枢となる図書館
③調査・研究センターとしての図書館
④メディアセンターとしての図書館
⑤資料保存センターとしての図書館

中期サービス目標は、これら五本の柱に沿って、資料収集・保存、主題部門別サービス、市町村立図書館支援、電子図書館、そして図書館運営等について再検討したものです。中でも、取り上げた評価指標の数値目標については、都道府県立図書館の全国平均であるとか、中国・四国地区の県立図書館の平均値とか、人口規模から割り出した数字とか、これまでよく使われた数値を当てはめるのではなく、これまでの都道府県立図書館にとっては少し高すぎる、そうかといって非現実的な数値ではなく、一所懸命やればできるにちがいないところを職員の共通認識とし、県民に約束しました。

サービス目標と具体的方策、そして数値目標は年度末に点検、評価を行い、また県図書館協議会にも提出され、改善されるべきところは改善し次年度に反映させました。現在、二〇一六年度から二〇二〇年度までの第三次中期サービス目標に移行しています。第一次、第二次の一〇年間は、他の都道府県立図書館と比較しても大きな成果を上げることができています。三年や四年の新館効果だけでしぼんでしまうような図書館にはしてはいけない、という全職員の強い思いに基づく仕事への取り組みが厳しい数値目標をおおむね達成させたのだと思います。第三次は、資料購入費が大幅に減額されての二年目からということもあり、厳しい取り組みになるかと思います。しかし、新館構想から開館までの一七年間、図書館の基本を大事にした図書館活動をとことん行いたいと耐え続けた思いは何物にも代えがたい力です。初心を大切に、さらなる高みを目指してもらいたいと思います。

なお、中期サービス目標と評価結果についてはホームページで閲覧できます。

図書館を知ってもらう

図書館を県民に知ってもらうことは、いつの時代にも心掛けねばならない重要なテーマです。第一次の新館構想では、旧日本銀行岡山支店跡地というあまりにも狭い建設予定地（二八八一㎡）を巡って激しい反対運動が起き、新聞やテレビが県立図書館問題を連日のように取り上げました。多い年には新聞記事だけで一五〇本程度もありました。しかし、第一次の新館構想を強引に推し進めた知事が退き、建設予定地も白紙に戻され、第二次の新館構想が順調に進み始めると、メディアも県立図書館を取り上げることが減り、県内図書館全体の話題も極端に少なくなっていきました。思わぬ形でしたが、図書館に対する県民の興味や関心が大きくなっていただけに、メディアに取り上げられる機会が減少していくのはとても残念な思いがしました。そんなとき、ある人から、知り合いの新聞記者がいるからいい企画があれば紹介するよ、と聞かされました。

図書館法が公布されて約半世紀、この時間は長いのか短いのか、社会や経済は驚くべき速さで進展してきました。地域の姿も個々の生活も大きく変わりました。公立図書館も、一九六三年の『中小都市における公共図書館の運営』、一九七〇年の『市民の図書館』などの運営指針を作る過程で、その役割を、日本国憲法にある表現の自由を受けて、地域住民の知る自由を保障する責任を負うところに求め、基本的機能は資料の提供だとする理論的支柱を確立してきました。それまでの、図書館が選択した資料を利

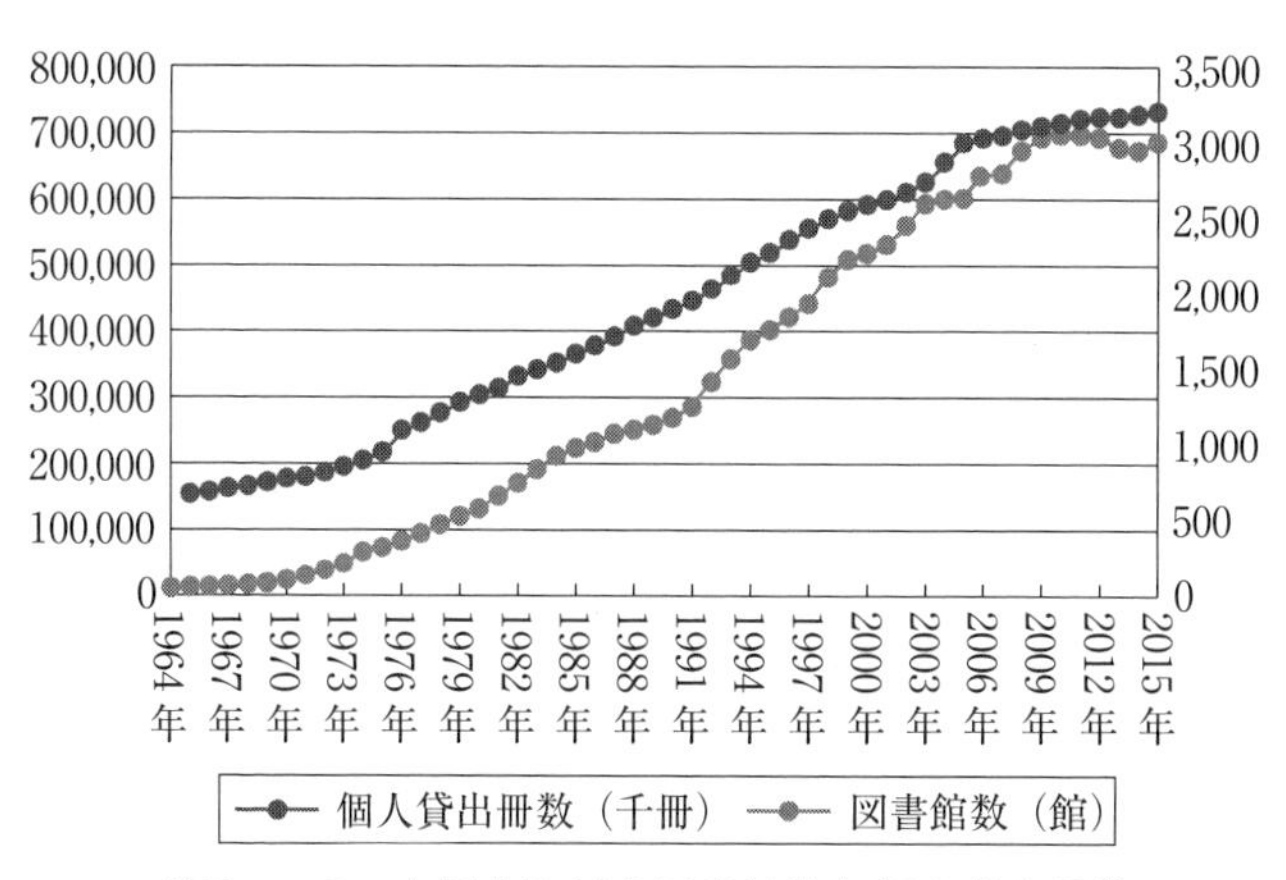

グラフ12　全国市町村立図書館数と個人貸出冊数の推移（1964～2015年）

用させるから、住民が要望する資料を収集、提供するというふうに、利用者の立場に立って図書館運営を考えることができるようになったのです。このことによって公立図書館は広く、深く住民の生活に入っていくことができました。急激に利用者が増え、個人貸出冊数が目を見張るほど増加していったのはグラフ12に見られる通りです。一九八〇年代から導入が拡大していったコンピュータシステムも図書館のありようをさらに大きくかえていきました。総合目録の構築が容易になることで図書館間の連携・協力が大きく進み、図書館界全体の底上げにつながっていったように思います。

こうした公立図書館サービスの拡がりにもかかわらず、資料の利用は無料ということ、図書館にない資料はリクエストできるということ、地元の図書館にない資料でも他の図書館から借りてもらえるということ、知りたい・調べたいことは司書に相談できるということなど、公立図書館サービスでは基本的なことが、まだまだ住民に十分には知られていないことも事実です。実際、二〇〇一年当時の利用登録率は三三％程度です。

住民が図書館で一番よく目にする光景は、カウンターで資料の貸出しや返却処理をしたり、書架に本を配架したりしている職員の姿です。それがすべてと思っている人も少なくないはずです。

月に一回でもいいから、図書館の話題が各家庭に届けられないかと考えていました。地元の山陽新聞の記者を紹介してもらい、図書館のあまり知られていない、しかし大切な世界を司書が案内するという企画を持ち掛けました。記者と詳細な話を進める中で、ありがたいことに月一回の掲載を引き受けてもらうことができました。字数七〇〇～八〇〇字程度、他に写真を一枚。図書館の記事としては結構なスペースですし連載です。執筆には、県内公共図書館の司書に協力してもらいました。連載のタイトルを「図書館ワンダーランド」と名付けました。

第一回目は、二〇〇一年四月、「一人のために　借りてでも本を届けます」を掲載してもらいました。

「図書館ワンダーランド」（一）

「一人のために　借りてでも本を届けます」

あなたがしてみたいボランティア活動は何でしょうか。最近のある調査で、美術館・博物館を大きく引き離して第一位だったのは、何と図書館ボランティア！　実際、三年前に開館した宮城県図書館（仙台市）がボランティアを募集したら、あっという間に定員いっぱいになったそうです。

一方、岡山県内にある公立図書館の利用登録者をみると、町立では住民の五〇％前後と登録率の高い館がありますが、市立では総社市（四五％）を除いて、軒並み一〇％台。

関心は高いが、十分には活用されていないー。二つの調査を通して、そんな図書館の姿が浮かんできます。残念ながら〝図書館の実力〟は、まだまだ知られていないようです。

　例えば本の貸し出し。読みたい本があった時、「近くの図書館にはないじゃろ」とか「行ったけど書架になかった」なんてあきらめてはいませんか。そんな時こそ、専門職員の司書の出番。

　所蔵していない本なら購入したり、他館から借りたりしてでもお届けします。岡山県内には四四の公立図書館（地区館・分館を含む）があり、すべての蔵書を合わせると実に四〇〇万冊。他県や国立国会図書館の支援もある。一つの図書館の背後に、無数の図書館のネットワークが広がっているのです。

　貸し出し以外でも、きっと皆さんのいろんな希望に応じられるでしょう。新聞・雑誌・デジタル資料など扱う情報は幅広く、珍しいコレクションを持つ館もあります。利用者の疑問や調べ事には、膨大な資料を駆使してきちんと回答。IT（情報技術）化も進めています。

　すべての図書館は一人の利用者のためにー。図書館のサービスは、求められた資料は必ず提供することが目標。司書もそのためにいるのです。

　これから、私たち司書が、知られざる図書館の世界にご案内します。

（山陽新聞朝刊二〇〇一年四月一六日）

以後、「レファレンスって　調べもののお手伝い」「本の旅　館間協力で西へ東へ」「予約サービス　草の根分けても探します」「障害者サービス　文字や図形だって音訳」「自動車文庫　雨の日も待つ人の元へ」「館長の一日　利用アップへあの手この手」「子ども室担当司書　本の世界との橋渡し」と続きました。住民からの反響もいいものでした。また、他県の図書館からは、どうやって新聞社と交渉したのか、などの問い合わせもありました。

図書館を知ってもらうには、日常業務の中で一人ひとりの利用者の要望にきちんと応えていくのが一番ですが、これまで図書館を利用していない人には新聞記事などであまり知られていない、しかしちょっと気になる図書館の仕事内容について伝えることも大きな効果があります。

この連載は、二〇〇一年四月から二〇〇七年一二月まで、六年以上、一四四回まで続きました。夏休みの席取りのための行列、宿題追い込みの賑わい、読書週間行事など、何かなあと思わせられる図書館関連記事が定型化していた中で、新県立図書館の建設で図書館への県民の関心が高まっていたとき、月一回とはいえ「図書館ワンダーランド」という形で図書館の全体像をじっくり住民に読んでいただけたのは大きな意味があったように思います。

新聞社はいま苦戦を強いられていますが、新聞の持つ力は大きいものがあります。新聞紙面のわずかなスペースでもいいと思います。定期的に県民に語りかけられる欄を提供してもらえるよう図書館職員は努力してみたらどうでしょう。

新県立図書館が開館（二〇〇四年）すると、毎日のように新聞社やテレビ局から取材がありました。想定した以上の利用者でしたので、すべての職員が混乱状態にありました。忙しさにかまけて取材に間違いがあってはいけません。とにかく正確に、分かりやすく伝えてもらう。記者の向こう側にいる県民に向けて話す。その姿勢で臨みました。新聞記事やテレビ放送は大きな反響をもたらしました。

県民の反響ということで一番大きかったのは、NHK岡山放送局が三〇分番組を制作してくれたときでした。二〇〇八年一二月一二日に放送された「月刊岡山トラのアナ」という番組で、「日本一の県立図書館！の巻」というものでした。

シナリオは、一地方都市にある岡山県立図書館が都道府県立図書館比較では、三年連続で入館者数や個人貸出冊数が日本一になった、なぜなのかということで、県民を引き付ける秘密に迫るというものでした。コメンテーターには児童文学作家で岡山県美作市出身のあさのあつこさん、番組の語りはタレントのルー大柴さん。図書館での撮影は開館時間前から閉館時間まで続けられました。施設面、資料面、サービス面、そして日頃は利用者の目に触れることがないバックヤードの様子なども時間をかけて撮影してもらえました。

県立図書館全体からいえば、ほんの一部分ということになりますが、ニュース番組とは違いますので、仕事内容にまで踏み込んで丁寧に紹介してもらえました。視聴者の一番関心を集めたのは、書庫内で働く二人のアルバイト職員を紹介した場面だったそうです。

　書庫で働いているアルバイト職員をカメラがフォーカスします。二人は、カウンターから資料要求のメールを受け取ると、小走りで書架まで本を取りに行き、また小走りで帰ってきます。アナウンサーも一緒に追いかけますがついて行けません。うまくまかれたアナウンサーが汗をふきながら、「なぜ走るの」と聞くと、「自分も利用者として書庫の本を頼んだことがある。その時、受け取るまでとても待ち遠しい思いをした経験があるので、より早く利用者に届けたいんです」と一人が答えました。その言葉が深く心に染みました。

　書庫ワークルーム内の机の隅っこに次のような手書きのメモが張り付けてありました。カメラはそれも見逃しません。

「私たちが『本が見つかりません』というとき、岡山県立図書館の信用は落ちています。土・日・平日に関係なく配架ミスが多いのが現実です。ミスは誰でもするものです。他の人と同じミスを自分もするかもしれません。曜日に関わらず各自で注意して配架ミスをしないように注意しましょう。日本一の図書館なのですから、サービスも日本一に」。

　アナウンサーの質問に答えている間にも、資料要求メールが届きます。取材を遮り、また小走りに本を探しに駆け出していきました。後でテレビ局に聞いた話では、書庫で働くアルバイト職員の様子が放映された時間帯が最も視聴率が高く、反響も大きかったそうです。

他にも、県立図書館の歴史、県立図書館の本が備前市立図書館の自動車文庫「よむたん号」で離島の小学校まで届く様子、県立図書館の児童図書を活用して三〇年にわたって「草の実文庫」を運営している岡山市内の筒井悦子さんと親子二代で草の実文庫を利用している一家族、県立図書館を設計した安井建築設計事務所が県立図書館設計にあたっての考え方「誰でもすっと入れてリラックスできて職員とも気軽に話せる図書館」などが紹介されました。

番組は、コメンテーターのあさのさんが「県立図書館職員の利用者を思う気持ち、本を好きな気持ちが感じられた」とのコメントで終わりました。

県民に十分には知られていない図書館に関する話題を、月に一回とはいえ七年間も地元の山陽新聞に連載させてもらえたこと。新県立図書館のバックヤードやそこで働く職員を中心に、NHK岡山放送局で四〇分余りのテレビ番組として放送してもらえたこと。この新聞連載とテレビ放送は、分かってもらえているようで意外とそうでもない図書館の魅力を新たな視点で伝えてもらえたのではないかと想像しています。

毎日新聞社が毎年実施している読書世論調査では、一般の人で本を読んでいる人の割合は大体五〇％前後で推移しています。また、図書館を利用している人は二〇一六年の調査では約三〇％というところです。岡山県内の市町村立図書館での登録率を見ると、二〇一五年度で約五三％です。図書館の登録率には登録はしているが最近は利用していないという登録者もいるので、図書館を一年に一度でも実際に利用している実質登録者ということでいえば五〇％を切っているかもしれません。図書館を利用していない人が半数以上に上るというのは図書館にいると意外な数字に見えます。しかし、そうである以上、いかに図書館のことを知ってもらうかというのは、今でもとても大きな課題かと思います。先の読書世論調査では六〇％の人が家の近くに図書館があればもっと利用すると答えているそうです。図書館が住民の身近にあることがいかに重要であるかということですが、ただ、近くに図書館があるイコールよく利用するとはならない性格のものでもあろうかと思います。やはり、図書館（資料や情報）が個々人の仕事や、生き方や、楽しみにどう役に立つのか、どう活かすことができるかを知ってもらえるよう働きかけていくことが重要だろうと思います。

昔から図書館は広報下手といわれてきました。今でも学習室を占拠する学生とか、夏休みの宿題の追い込みに図書館に殺到する小学生とか、読書週間中のイベントとか、そういったニュースを中心に新聞やテレビが取り上げるというのは残念なことです。広報下手といわれても仕方のないところです。

図書館は住民にあまり知られていない、生活や仕事の中にあまり活かされていないということを前提に工夫する必要があります。広報媒体の基本としては、自治体の広報誌や図書館のホームページなどがありますが、もっと積極的にあらゆる機会を捉えてマスコミに情報提供したらいいと思います。

図書館はある意味、社会を映す鏡のようなものです。多くの資料や情報が集まります。面白いネタがいくらでも転がっているといっても言い過ぎではないでしょう。一昔前は、新聞記者の人は図書館にたむろしていたものです。顔見知りになる記者が何人もいました。今はなかなかそういう光景は見かけられません。図書館に来て取材するより、電話取材する記者が多くなりました。収集能力や分析能力は電話取材では培われないように思います。記者には図書館に来てもらう、来てもらったら手ぶらでは帰さない。少し手を加えれば記事にできるような資料や統計数値を用意しておく。新聞やテレビで、図書館のことを広く伝えてもらうためには、司書が日頃から問題意識をもって図書館と向き合っていく努力が必要です。

とことん活用講座

図書館ではいかに多くの資料を利用してもらえるかが重要です。そのためにいろいろな仕掛けをしています。県立図書館「とことん活用講座」もその一つです。より深く知りたい、学びたい、さまざまな文化に触れたいと願う人にさまざまな講座を提供するとともに、関連する豊富な資料をとことん活用してほしいということが講座の狙いです。

県立図書館には、主題部門別に六部門ありますが、それぞれの部門に関連するテーマで年間六回程度講座を開催しています。特別編ということで間に挟むものも出てきます。

最近（二〇一五年度）の「とことん活用講座」から紹介します。

・第一回「図書館で歴史研究入門」（人文科学資料部門）講師・県立博物館学芸課主幹
・特別編「英語多読の魅力」（人文科学資料部門）講師・豊田工業高等専門学校教授
・第二回「法律情報をもっと身近に」（社会科学資料部門）講師・日本司法支援センター岡山地方事務所事務局長
・特別編「ガンを知る！ ～ガンに関する基礎知識～」（自然科学・産業資料部門）講師・岡山大学病院腫瘍センター助教
・第三回「親子でたのしむわらべうた」（児童資料部門）講師・ノートルダム清心女子大学准教授
・第四回「自分史の書き方」（参考資料部門）講師・吉備人出版代表取締役
・第五回「卵子の老化から社会を見る」（自然科学・産業資料部門）講師・岡山大学大学院保健学研究科教授
・特別編「水先人が語る『船乗り』の仕事とロマン」（自然科学・産業資料部門）講師・元

内海水先区水先人会水先人

・第六回「備前刀剣王国の底力」（郷土資料部門）講師・備前長船刀剣博物館学芸員

決して知名度が高い講師陣ではありませんが、地域で地道に研究活動を続けている人を迎え、少し専門的な話をしてもらっています。回を重ねるにつれて多くの県民に参加してもらえるようになりました。

講座とあわせ、関連資料の展示、関連資料リストの作成・配布も行っています。県民と資料を結びつけるきっかけ作りです。六部門がそれぞれ取り組み、関連資料リストを作成・配布していきますから、司書は、資料に詳しくなれますし、足りない資料の掘り起こし・収集にもつながります。当然、資料案内やレファレンスサービスにも役立ちます。実際に、「とことん活用講座」を定期的に実施していることで、県立図書館が所蔵する専門的な資料も利用が伸びています。

図書館資料をとことん活用してもらうということでは、部門ごとに行うテーマ展示も大いに効果を発揮しています。次は、社会科学資料部門で取り上げたテーマ展示（二〇一五年）の例です。それぞれ約一か月間、展示されます。

「岡山の頑張る中小企業、農林漁業者を応援します！」「ボランティア」「追悼　水木しげる」「人権」「変わりゆくミャンマー」「犯罪被害についてともに考える」「教育について考えよう

11／1は岡山教育の日」「食文化」「どうなる？　空き家問題」「働き方いろいろ」「防災」「移民・難民」「特殊詐欺・悪質商法にご用心」「連携展示・自殺を防ぐために」「実りの秋 充実シニアライフ」「戦後七〇年」「青少年の非行・被害を防ごう」「夏休みの自由研究」「集団的自衛権」「身近な法律」「学ぶ」「日韓国交正常化　五〇年」「連携展示・エコライフについて考えよう」「子育て支援の本」「結婚のあれこれ」「みんなの就活」「コミュニケーション」「マナー」「女性の企業」「4／2～4／8発達障害啓発週間」「よりよい職場環境のために」「二〇一五値上げの春　価格と経済の関係について」「今考える、少年法」「災害」「包んで贈る」「税金を知ろう」「あなたを助ける法律」「お金」「阪神・淡路大震災二〇年の歩み」。

こうしたテーマ展示と関連資料リストを六部門で行うわけですから、年間にすれば一五〇以上のテーマが取り上げられ、関連資料リストが作成・提供されます。利用者にはテーマに絞り込んだ資料の顔がよく見え、刺激になり、利用に結びついていくはずです。また、よい展示をしたい、より多くの資料を届けたいという意味で、職員には資料や利用者を考えるモチベーションになっています。

学校図書館支援

文部科学省は、子どもたちの読書離れに歯止めをかけるための読書環境整備の一環として、学校図書館の整備充実に本格的に取り組んでいます。まず、一九九三年には学校図書館図書標準を制定します。これは、学校図書館の図書の充実を図り、学校の教育課程の展開に寄与するとともに、児童生徒の健全な教養を育成するためのものとされており、公立義務教育諸学校の学校図書館に整備すべき蔵書の標準を学級数に応じて示したものです。あわせて、学校図書館図書整備新五か年計画で五〇〇億円（単年一〇〇億円）を手当てし、各学校図書館の図書を一・五倍にすることを目指しました。地方交付税措置（使途が限定されない）ですので、自治体や学校によって取り組みに温度差があったようで、十分には学校図書館の図書整備に注ぎ込まれたとはいえなかった面もあったようです。しかし、この整備計画はその後も継続して続けられ、二〇一七年からは第五次の学校図書館図書整備等五か年計画に入り、規模もかなり拡大されています。その間、二〇〇一年には子どもの読書活動の推進に関する法律が、二〇〇五年には文字・活字文化振興法が制定され、いずれも学校、地域、家庭での読書環境の整備の重要さを謳っています。

第五次の学校図書館図書整備等五か年計画（二〇一七〜二〇二一年）では、総額二三五〇億円（単年四七〇億円）と、当初からすると五倍程度に手厚くなっています。「学校図書館図書標準の達成を目指すとともに、計画的な図書の更新、学校図書館への新聞配備と学校司書の配置拡充を図る」ことを目指すものです。内訳は次のとおりです。

○図書整備一一〇〇億円（単年二二〇億円）
○新聞の配備一五〇億円（単年三〇億円）　小学校（一紙）中学校（二紙）高等学校（四紙）
○学校司書の配置一一〇〇億円（単年二二〇億円）　小・中学校に学校司書を一・五校に一名程度配置可能

この図書整備計画は公立義務教育諸学校を中心にしたもので、高等学校図書館は対象になっていません。

また、二〇一五年四月からは学校司書が制度化されました。その資格の在り方、養成の在り方等については今後の検討を待たなければなりませんし、司書教諭との関係とか、配置は努力義務など問題点も多くあります。しかし、少なくとも学校図書館の整備充実に向け、手探り状態を続けながらも前進していることは間違いないでしょう。

こうした子どもたちの読書環境の整備に向けた大きな流れを受け、県立図書館でも学校図書館支援をサービスの重要な柱にしています。中期サービス目標では重点プログラムとしても位置づけています。市町村の小・中学校図書館には市町村立図書館からの支援が中心になるかと思いますので、ここでは、県立・私立の学校図書館を重点に取り上げています。

まず、県立図書館資料の協力貸出しですが、学校図書館支援システムから県立図書館資料の検索・予約をしてもらいます。急ぎの場合、直接来館される場合もありますが、通常は、週一回、県立図書館とすべての県立・私立の学校図書館を繋ぐ県図書館資料搬送システム（民間の宅配便）を使って資料を届けています。今後とも、この学校図書館への協力貸出しを充実させることはもちろんですが、もう一歩進めて、学校図書館横断検索システム（県立高校を中心にした学校図書館総合目録）の充実を図り、学校図書館間の資料の相互利用を活発化させていく道もあるのではないかと思います。

なお、市町村の小・中学校図書館には県図書館資料搬送システムはつながっていないので、必要な資料があった場合、直接来館してもらうか、最寄りの市町村立図書館への搬送で受け取ってもらうかしています。

次に、学校図書館からの強い要望で実現したものに、学校図書館支援用図書の整備があります。これは「統計」「朝読」「著作権」「琉球文化」「富士山」などさまざまなテーマ別にセット（一〇～二〇冊）にした図書を準備して貸出しするものです。二〇一五年度現在、四〇〇セット近くになっています。学校司書と県立図書館の司書がテーマと資料の選定にあたっています。

　職員研修では、図書館職員等研修講座ということで学校図書館職員も対象として年間八回程度開いています。また、講師派遣事業として、県立図書館の職員が学校図書館司書研修や学校図書館協議会などへ出かけていきます。学校で活動を希望するボランティアも多くおられますが、そうした人へ、ボランティアとしての心構えや必要な専門的知識、技術を向上させられる研修も用意しています。

　県立図書館のホームページでは、学校・先生へのサービスも立ち上げています。毎月、教育関係新着資料の案内、テーマ別ブックリスト（「三歳未満児保育の本」「外国語活動の本」「人権教育の本」など）の作成、校内研究サポート（各学校・園の研究テーマを教えてもらい、テーマに合わせ

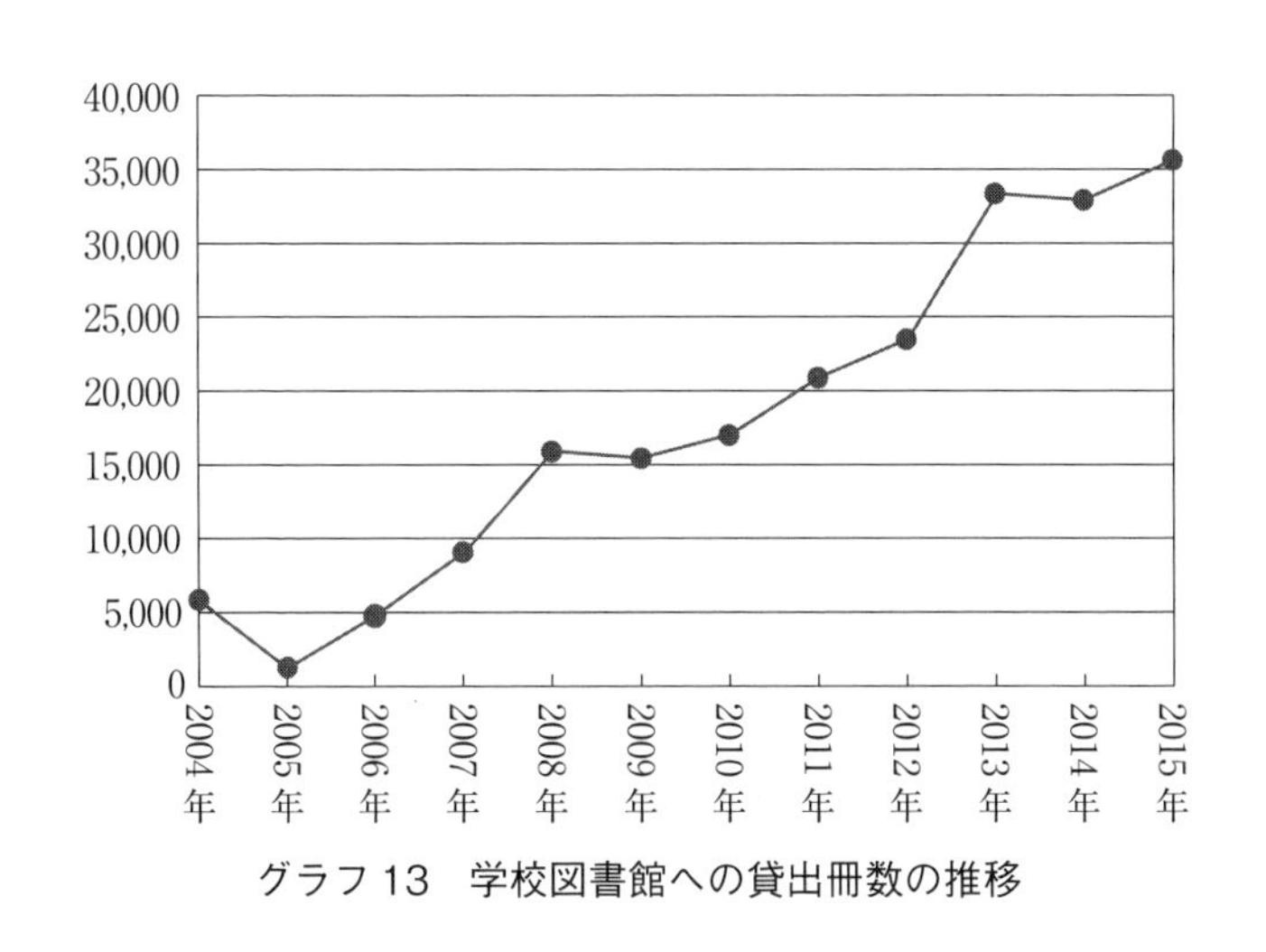

グラフ13　学校図書館への貸出冊数の推移

て研究に役立つ資料のリストを個別に作成し、提供するもの）など学校・先生支援の情報サービスに力を入れています。

学校図書館との連携事業では、ティーンズコーナーを使った展示もあります。県立図書館では、青少年向けサービスを多くの図書館が行っている関連資料のコーナー設置という形では行っていません。ティーンズコーナーと名付けていますが、そこでは大型のパネル三枚と書架二段分の配架スペースを提供しています。このティーンズコーナーを県内の高等学校図書館で自由に利用してもらい、中・高生向きの企画展示を行ってもらいます。約二か月単位で、一回に二、三校が展示を行いますが、企画内容と関連する資料は県立図書館の資料を提供しています。

学校・学校図書館の支援事業をいくつか紹介しましたが、学校図書館への協力貸出冊数はグラフ13にあるように大きく伸びています。連携が充実してきた現れであり、中期サービス目標で学校図書館支援を重点プログラムとして取り組んできた成果が現れてきたともいえます。

第七章

数字で見る新県立図書館の状況

新館が開館してから一三年が経過した県立図書館ですが、これまでの活動状況をいくつかの統計数字から追ってみたいと思います。

入館者数と個人貸出冊数

まず、入館者数と個人貸出冊数ですが、グラフ14とグラフ15の通りです。

どちらも県総合文化センター時代は一〇万前後でした。他の都道府県立図書館と比較しても明らかに低迷していました。収蔵能力の限界から早くから閲覧室が書庫状態になり、快適な図書館空間が作れなかったこと、資料が複数個所の書庫や分室に分散し、迅速な資料提供が困難になったこと、さらに十分な資料費も確保できなかったことなど要因はいくつかあったと思います。しかし、二〇〇四年の新館開館以降、どちらの数字も以前の約一〇倍（二〇〇四年度は半年間の開館）と驚くほど大きく伸びました。全国の都道府県立図書館の平均と比較しても圧倒的な数字になっています。二〇一五年度には入館者数一〇六万人、個人貸出冊数一四八万冊にまでなりました。両方が一〇〇万を超えているのは岡山県立図書館だけで、しかも一一年連続です。

個人貸出冊数が多いと、ベストセラーを大量に購入して貸出競争をしているんだろうなどと

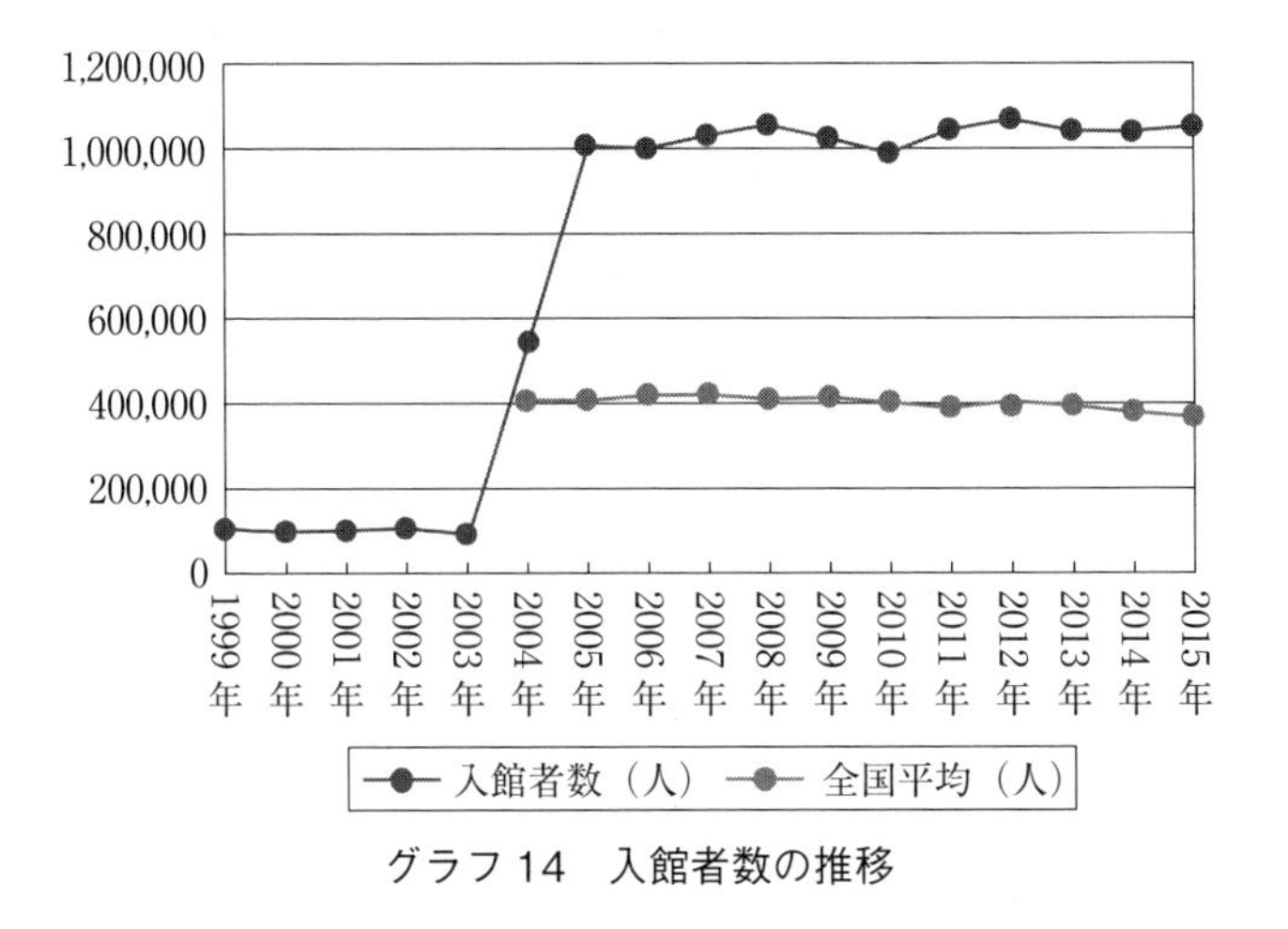

グラフ14　入館者数の推移

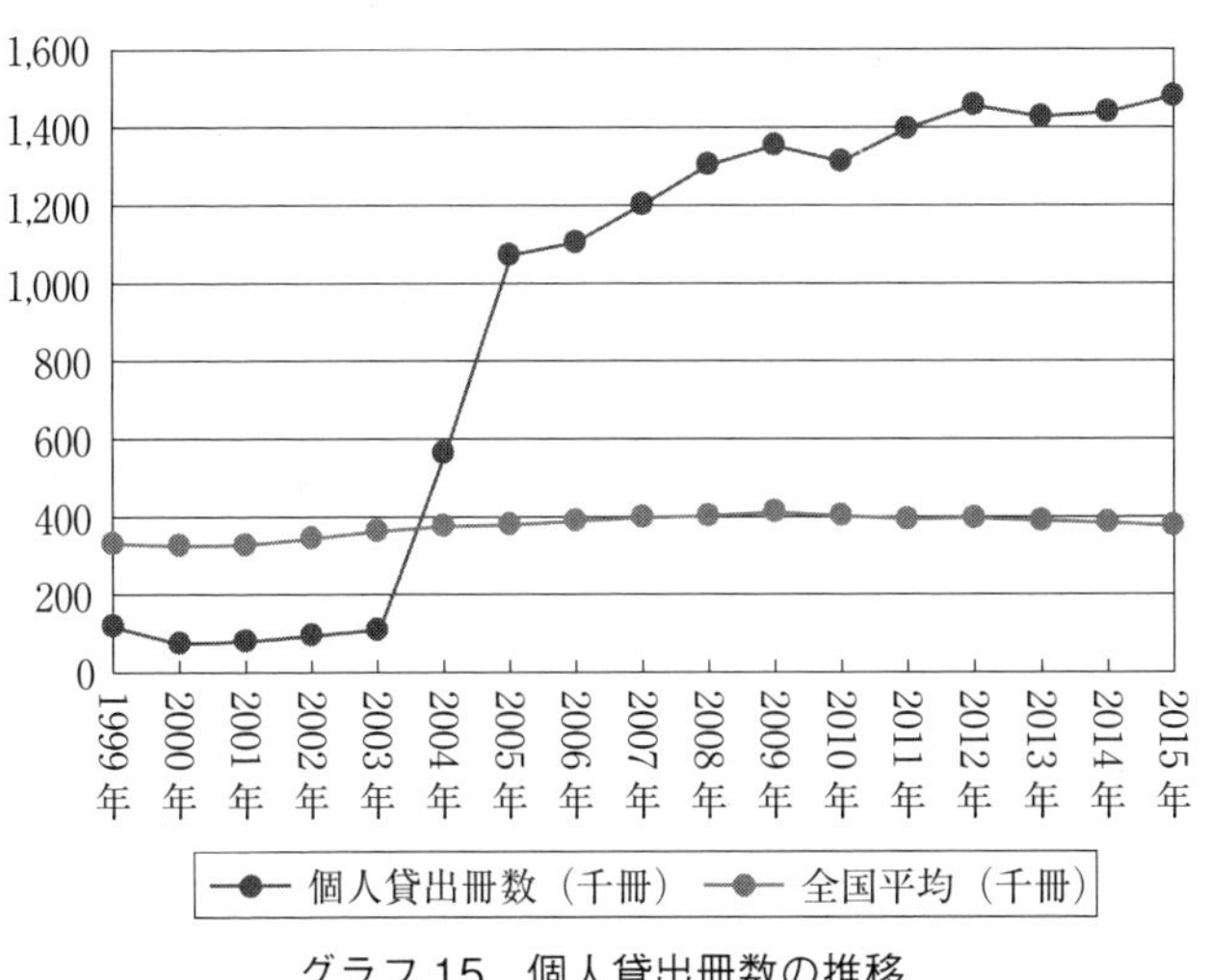

グラフ15　個人貸出冊数の推移

いった批判も聞きますが、県立図書館の収集方針として一般図書についてはすべて一点一冊収集で、たとえベストセラーで予約者が多くなろうとも複本は購入しません。市町村立図書館を支援していくということで幅広い収集に努めています。直接利用者にきめ細かくサービスしていく市町村立図書館との違いです。決して競争を意識した運営をしているわけではありません。入館者数と個人貸出冊数の二つの数字は、新館が開館すると、どこの図書館でも大きく伸びるものです。新館というインパクトが強く影響するものだと思います。三、四年はその勢いが持続します。ですからその間の数字は臨時増といってもよいと思います。決して図書館の実力とは言えない場合が多いようです。

岡山県立図書館の場合もそうです。グラフ14、15のとおり、県総合文化センター時代（〜二〇〇三年）の数字と比較してみれば明らかです。事前準備で万全を期したという自負はありましたが、一夜にして驚くほど高い数字が現れたのですから。問題は、この勢いをどのようにして日常の活動に定着させていくかです。職員みなが、三、四年で終わらせてはいけない、と考えていました。勢いのある間に、県民と市町村立図書館からの信頼が得られるよう、資料案内や予約・リクエスト、レファレンスサービスを丁寧に行い、資料や情報の確実な提供に努めました。主題部門別制を採用していますから、貸出・返却カウンター以外の主題部門カウンターでは、資料案内やレファレンスサービスに特化したサービスができます。また、主題部門の資料に精通した司書の援助は信頼を深めます。さらに、カウンター以外の職員もすべて窓口サービスにつながる意識で仕事をする。嘱託職員、臨時職員、アルバイトに至るまでそうした意識を持って動きました。新館開館から一〇年以上、入館者数、個人貸出冊数とも高いレベルを維持できているのは、新刊図書の七〇％程度の収集による資料の豊富さ、図書館ネットワークの充実などという面もありますが、県民や市町村立図書館から信頼される図書館にしていくのだという職員の高い意識も大きいと考えています。

都道府県立図書館の入館者数や個人貸出冊数の数値は、基本的にはあまり注目されません。都道府県立図書館の第一義的な機能が市町村立図書館の支援（資料や情報支援）というところにあるためです。日常的には、県民は地域にある市町村立図書館を利用します。県立図書館は、市町村立図書館が自館の資料では要求に応えられないとき、市町村立図書館からの依頼に応じて資料や情報を提供するという方法を取っています。利用者の資料要求には、市町村立図書館と県立図書館が連携・協力して応えているわけです。そして、県民は必要な資料の大半を市町村立図書館で利用します。実際、次のグラフ16にあるように、二〇一五年度に県民が市町村立図書館から借りた資料は約一一七万冊でしたが、県立図書館からは約一四八万冊で全体の約一三％程度です。これはどこの県でも同じ傾向です。岡山県立図書館の約一三％（全国平均は二、三％）というのは大き過ぎるくらいです。ですからいくら都道府県立図書館が県民への直接貸出しを頑張っても限界があるわけです。県民の資料利用を活発にするには市町村立図書館の振興がいかに大切かが分かります。

次のグラフ17は、県内市町村立図書館全体の貸出密度（住民一人当たり個人貸出冊数）の推移です。

最近の県内市町村立図書館が住民に貸出した総資料数は年間一一〇〇万冊前後というところです。住民一人当たりにすると五・六～五・七冊になります。全国平均をやや上回っています。全国の順位は一六位前後だったのが持ち直して一二位にまで回復しています。市町村立図書館の個人貸出冊数に都道府県立図書館の数字を加えると、岡山県は約一二六〇万冊、県民一人あたりにすると約六・四冊となり、東京都、滋賀県に次いで三位に上がります。県総合文化センター時代は五冊に達していませんでしたか

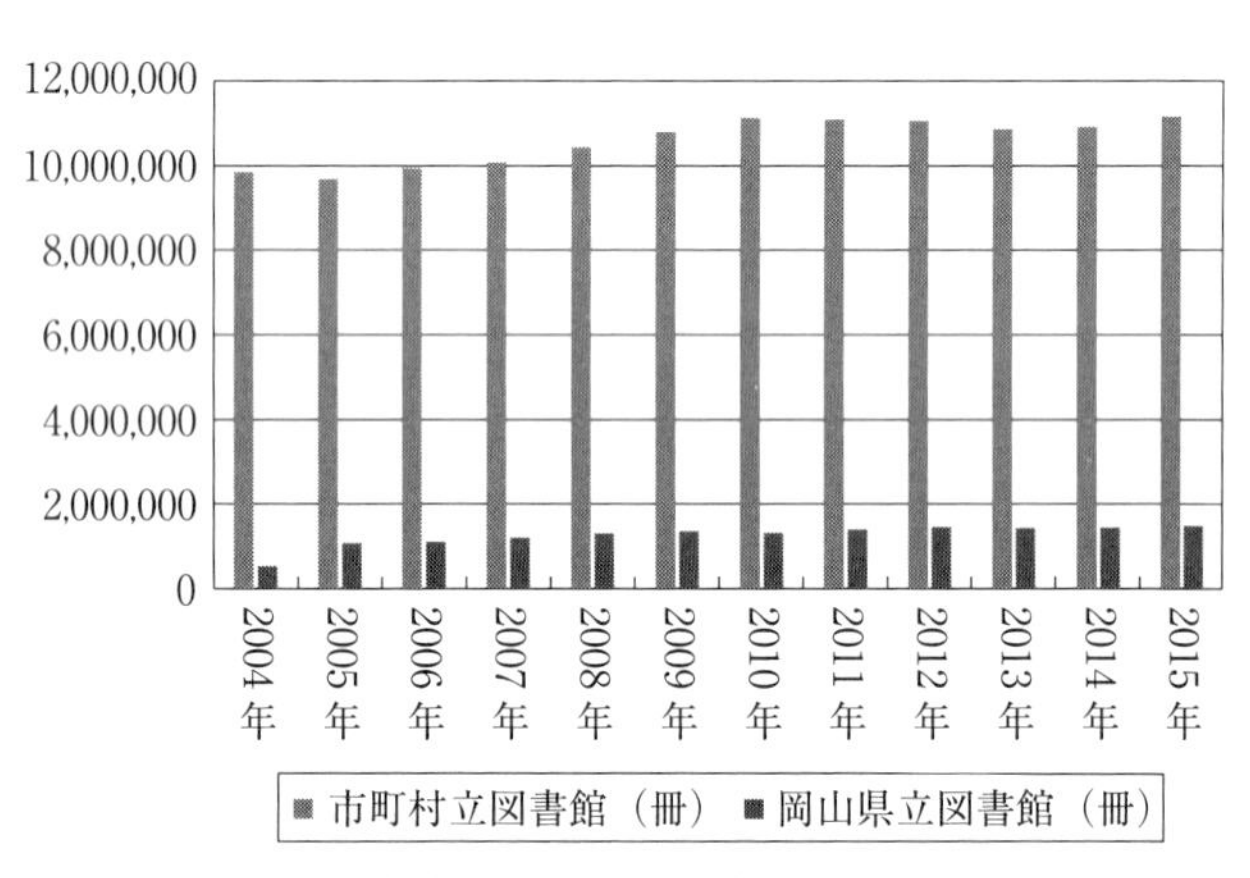

グラフ16　県立図書館と市町村立図書館の個人貸出冊数の推移

ら、新県立図書館の個人貸出冊数が大きく影響しているのが分かります。ただ、県立図書館から県民に直接貸し出された資料数の割合（岡山県は約一三％、全国平均は二、三％）が大きくなることが望ましいのかどうか。一般的には、市町村立図書館の活動が活発になるにつれて低くなっていくのが普通のように思えます。岡山県の場合、市町村立図書館の個人貸出冊数が伸び悩んでいるともいえるかもしれません。

　市町村立図書館の伸び悩みの要因は、県内一五市のうち、いくつかの市立図書館で長く活動が低迷していることだと思います。二〇一六、一七年度に、そこから抜け出すべく相次いで四市で新館が開館しました。さらに二市で新館計画が持ち上がっています。新館ができることで図書館と住民との望ましい緊張関係が呼び覚まされ、長く続い

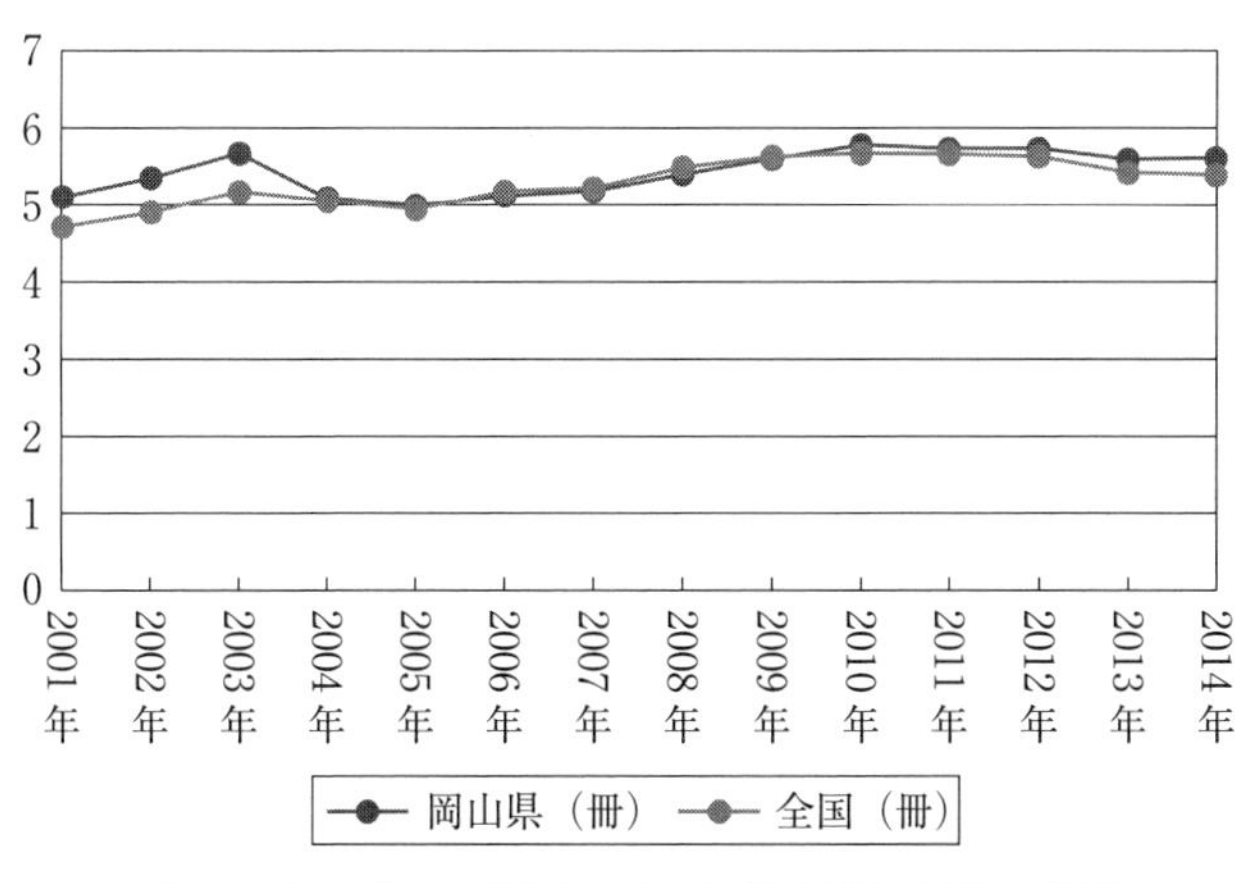

グラフ17　県内市町村立図書館の貸出密度の推移

ていた低迷状態から抜け出せたらと期待しています。

いろいろな方面から、岡山県立図書館は直接サービスに傾斜し過ぎているとの批判を受けています。岡山県立図書館では、直接サービスに力点を置いた取り組みをしているわけではありません。結果として、多くの県民に直接利用してもらっていますが。ただ、県総合文化センター時代に長く図書館の基本的活動ができていなかった背景を考えると、県民への直接サービスにも、市町村立図書館を通じてのサービスにもしっかり向き合って、資料や情報の提供という基本的サービスをとことんする必要がまだまだあるように思います。

インターネット予約貸出し

県立図書館の資料を利用する方法にはいくつかあります。

まず、直接、県立図書館へ出かけて利用する方法。この場合、県立図書館から遠い地域の人には日常的な利用は難しくなります。

第二に、地元の市町村立図書館などを利用する中で、そこにない資料があった場合に県立図書館から必要な資料を取り寄せてもらい利用するという方法。直接、県立図書館まで行かなくても大きなストレスなく県立図書館の資料が利用できるよう、県立図書館と市町村立図書館の間に週二回の資料搬送便があり、短時間で資料が市町村立図書館まで届くようになっています。もちろん、緊急の場合は、無理をしてでも県立図書館まで出かけて資料を利用することもあるでしょうが。

第三に、県立図書館の資料を家庭や職場からインターネットで予約し利用する方法。インターネット予約貸出しといいます。予約の際、資料の受取館を指定することができます。県立図書館はもちろん、市町村立図書館や公民館図書室、大学図書館などです。インターネット予約貸出しは、県立図書館への手続きはすべて利用者が直接行います。県立図書館以外で受け渡しの場合は、資料は週一回の資料搬送便で受取館へ送られます。インターネットが個人のレベルまで普及してきたことで、インターネット予約貸出しが増加する傾向にあります。

インターネット予約貸出しでの貸出冊数はグラフ18のとおりです。

最近一〇年間で八倍程度と、すごい勢いで伸びています。個人貸出冊数全体に占める割合も二〇〇五年度で四％程度だったのが二〇一五年度では一一％を占めるまでになっています。ただ、県立図書館で受け取るのではなく、市町村立図書館や公民館図書室、大学図書館を窓口に受け取られる冊数は、個人貸出冊数全体の四％程度です。

県立図書館がインターネットで資料の予約を受け付け、市町村立図書館を窓口に提供するという方法が、市町村立図書館の活動を疎外するという批判があります。地元の図書館が所蔵している本でさえ、県立図書館にインターネット予約して利用している傾向があるということのようですが、確かにそういったケースもあるかもしれません。これまで市町村立図書館の活動は利用者との緊張関係の中で発展してきました。自館にある資料は、資料案内や予約サービスを行いながら確実に提供する。自館にない資料を求められた場合、その資料は購入するのか、他館から相互貸借で借り受けるのか、収集方針は住民の要求をうまく反映できているのか、などと考えるよい機会になります。しかし、県立図書館が行っているインターネット予約貸出しという方法は、市町村立図書館を飛び越えて行われるので、市町村立図書館と利用者との緊張関係を希薄にする面もあるかもしれません。そうし

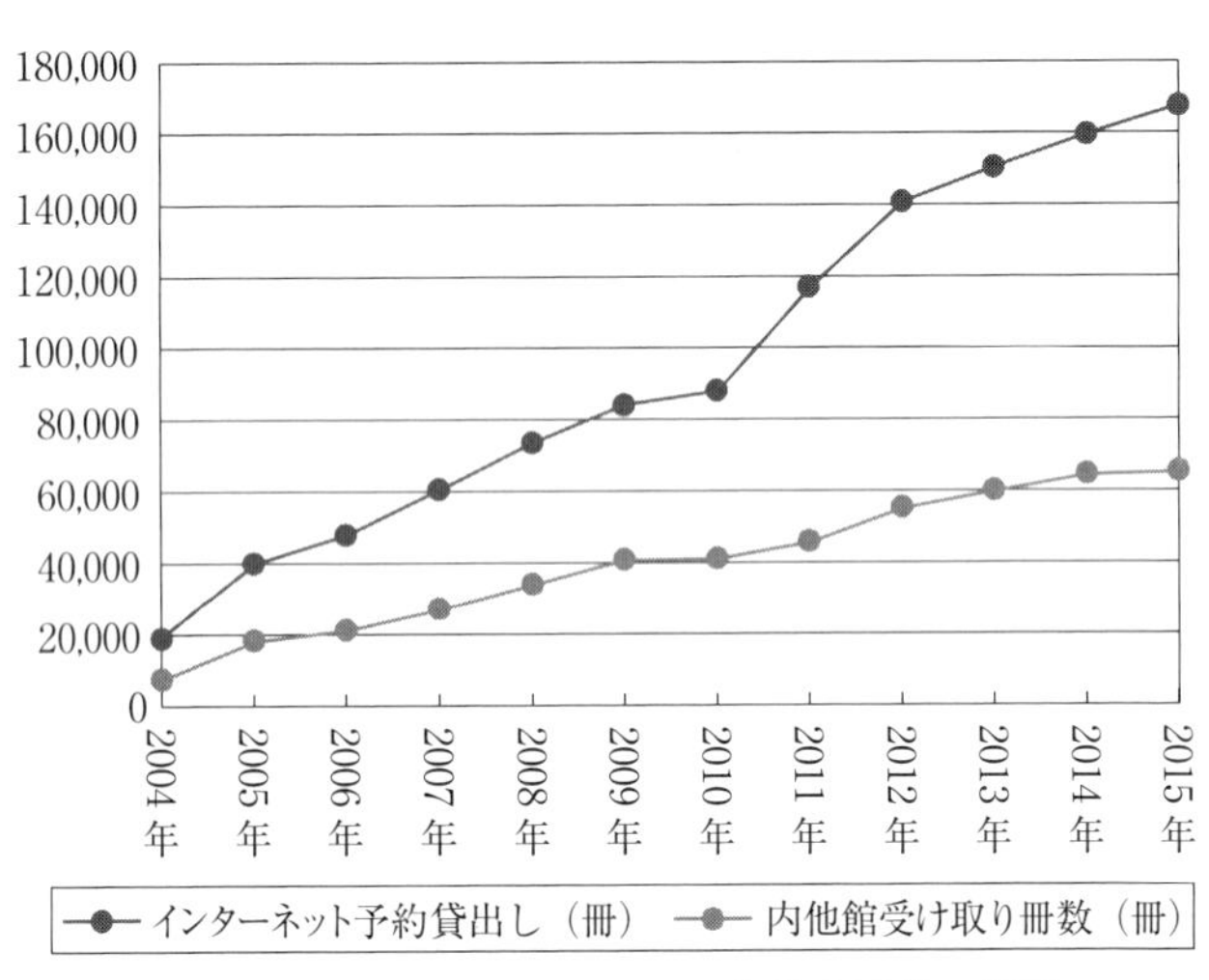

グラフ18　インターネット予約貸出冊数の推移

た意味では今後の課題になるかもしれません。

ただ、インターネット予約貸出しで市町村立図書館を受渡館にした場合、利用者は必ず資料を受け取りに市町村立図書館に来られます。そこは大きなチャンスです。インターネット上で利用する図書館とは違う、リアルな市町村立図書館の魅力をアピールするよい機会ではないでしょうか。

図書館への貸出し

開館準備の中で、県立・市町村立図書館が総力を挙げて取り組んだのが県内図書館ネットワークの構築でした。総合目録としての県図書館横断検索システムと、物流システムとしての県図書館資料搬送システムがそれです。どちらも開館年から本格稼働できました。

この図書館ネットワークの構築で、新県立図書館の「新刊図書の七〇%程度の収集」という豊かな資料の集積が、県内隅々の住民にまで迅速に届けられるようになりました。また、市町村立図書館間の相互貸借も容易に行えるようになりました。

グラフ19は、県立図書館から市町村立図書館や学校図書館、大学図書館への貸出冊数の推移です。

開館直後は一万冊台で全国平均を下回っていましたが、その後、県内図書館からの資料要求は増え続け、二〇一五年には約七万八〇〇〇冊にまで伸びてきました。二〇〇五年度の四・七倍の伸びです。県図書館横断検索システムをもとにした相互貸借システムの便利さ、県立図書館の豊富な資料、リクエスト（購入希望）への確実な対応、さらに週二回の資料搬送などで、要求した資料の提供が迅速に行われるようになり、市町村立図書館や学校図書館は安心して県立図書館への援助依頼ができるようになったのではないでしょうか。市町村立図書館や学校図書館からの期待に応え続けることは、言うほどやさしいことではありません。しかし、応えるという仕事が当たり前にできるよう

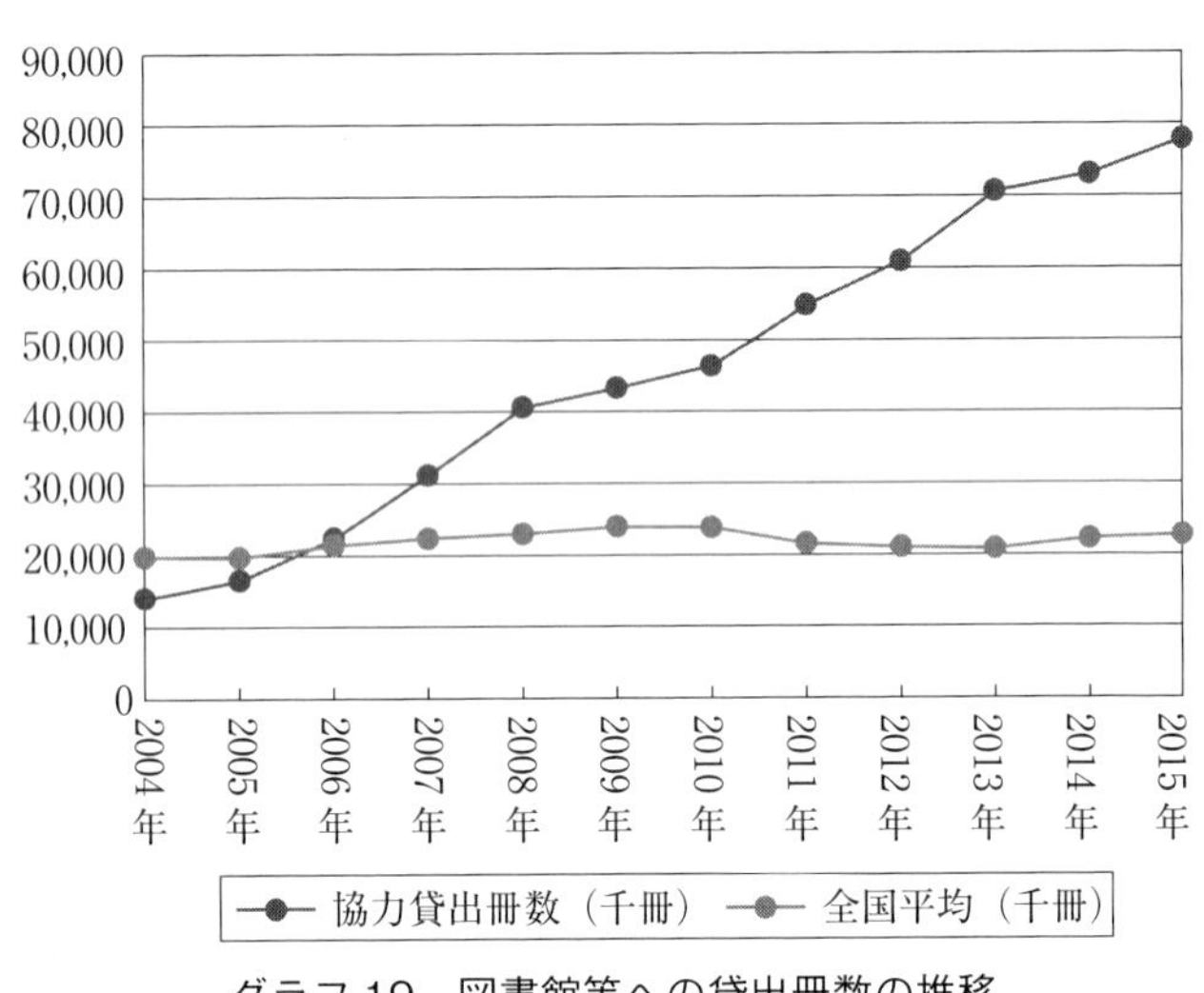

グラフ19　図書館等への貸出冊数の推移

になるまで、県立図書館は努力を惜しんではいけません。

県立図書館の豊富な資料を、住む地域に関係なくすべての県民にしっかり利用してもらうためには、市町村立図書館の自立した活動が前提になります。市町村立図書館の活動が活発にならなければなるほど、県立図書館への資料の貸出依頼が増えるからです。日常的に住民が利用する市町村立図書館に魅力がなければ、利用者は図書館から離れていきます。県立図書館への依頼もなくなっていきます。

最近、公民館図書室を条例設置で公立図書館にしたケースが二〇館（七〇館のうち）近くあります。資料購入費も職員も気の毒な状態の館が多いようです。現場の努力だけではとても自立できるようなことにはなりません。市町村教育委員会は、資料購入費も職員もある一定程度の手当てをしないと、せっかくの図書館が名ばかりで住民の失望を買うものとなってしまうことをぜひ知ってほしいと思います。知りたい、読みたい、学びたいという住民の期待に応える図書館の基本的役割を果たせません。県教育委員会と県立図書館も、県内全体の読書環境の整備を進める意味でも、活動が十分でない図書館を運営する市町村教育委員会に積極的に助言してほしいものです。

県立図書館から市町村立図書館等への貸出しはまだまだ伸び続けると思います。県内図書館ネットワークの要としての県立図書館の役割は今後ますます大きなものとなるでしょう。

その他の統計数値

参考までに、レファレンス件数、資料購入費、購入図書冊数、蔵書冊数等についてもグラフで表しています。岡山県立図書館の数字については図書館協議会に提出した資料を、全国平均の数字については統計書『日本の図書館』(日本図書館協会)をもとにしています。

レファレンス件数

グラフ20にあるように、二〇〇五年度と比較すると四倍以上の伸びになっています。全国平均からみてもレファレンスサービスが活発に利用されているのが分かります。

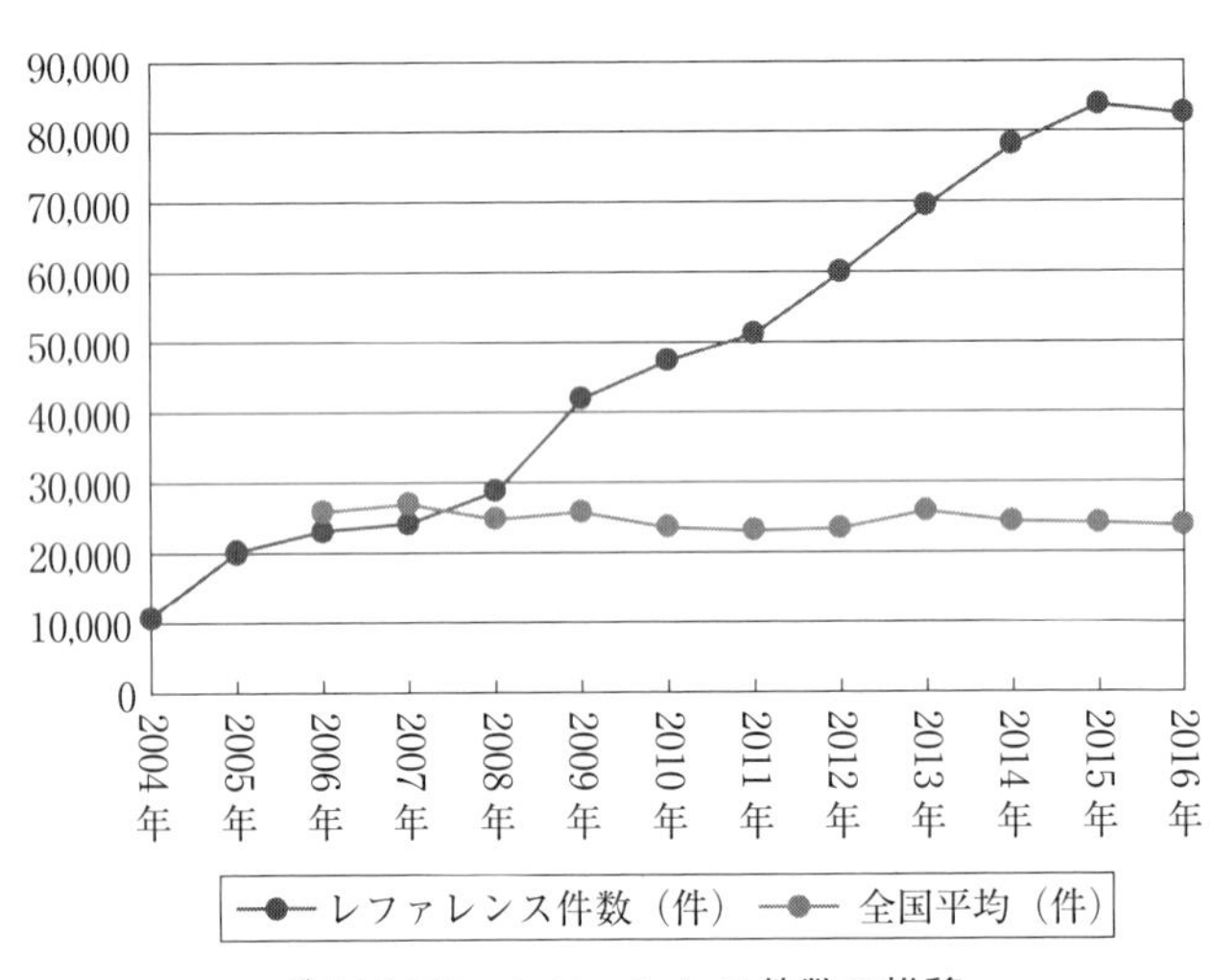

グラフ20　レファレンス件数の推移

主題部門別制（六部門）でのサービス方式を採用しており、各部門には専任の司書を配置して資料案内やレファレンス等に特化したサービスを提供しています。また、テーマ展示と関連資料リストの提供も積極的に行い、開架・書庫の別なく資料が利用者によく見えるように工夫しています。こうした背景がレファレンス件数を大きく伸ばしていると思います。司書に気軽に相談する利用者が、六つのどのカウンターでも普通に見られます。資料の貸出しと並行してレファレンスサービスもさらに伸びていくことが期待されます。

資料収集の状況

一番気がかりなのはこの部分です。「新刊図書の七〇％程度の収集を継続的に行うよう努める」という基本方針のもと、開館前年度からそのための資料購入費を手当てしてきましたが、一二年目からこの基本方針を手放さざるを得ない状況となりました。グラフ21から分かるように資料購入費の大幅な削減です。二〇一五年度から約一億二〇〇〇万円になりました。これでは新刊図書の七〇％程度の収集は不可能です。グラフ22にあるように、二〇一五年度の購入冊数は約三万六〇〇〇冊、二〇一六年度が約三万七〇〇〇冊で、新刊図書の四五％程度です。現場の職員のことを考えると心が痛みますが、県立図書館のサービス方針を資料面で具体化させ

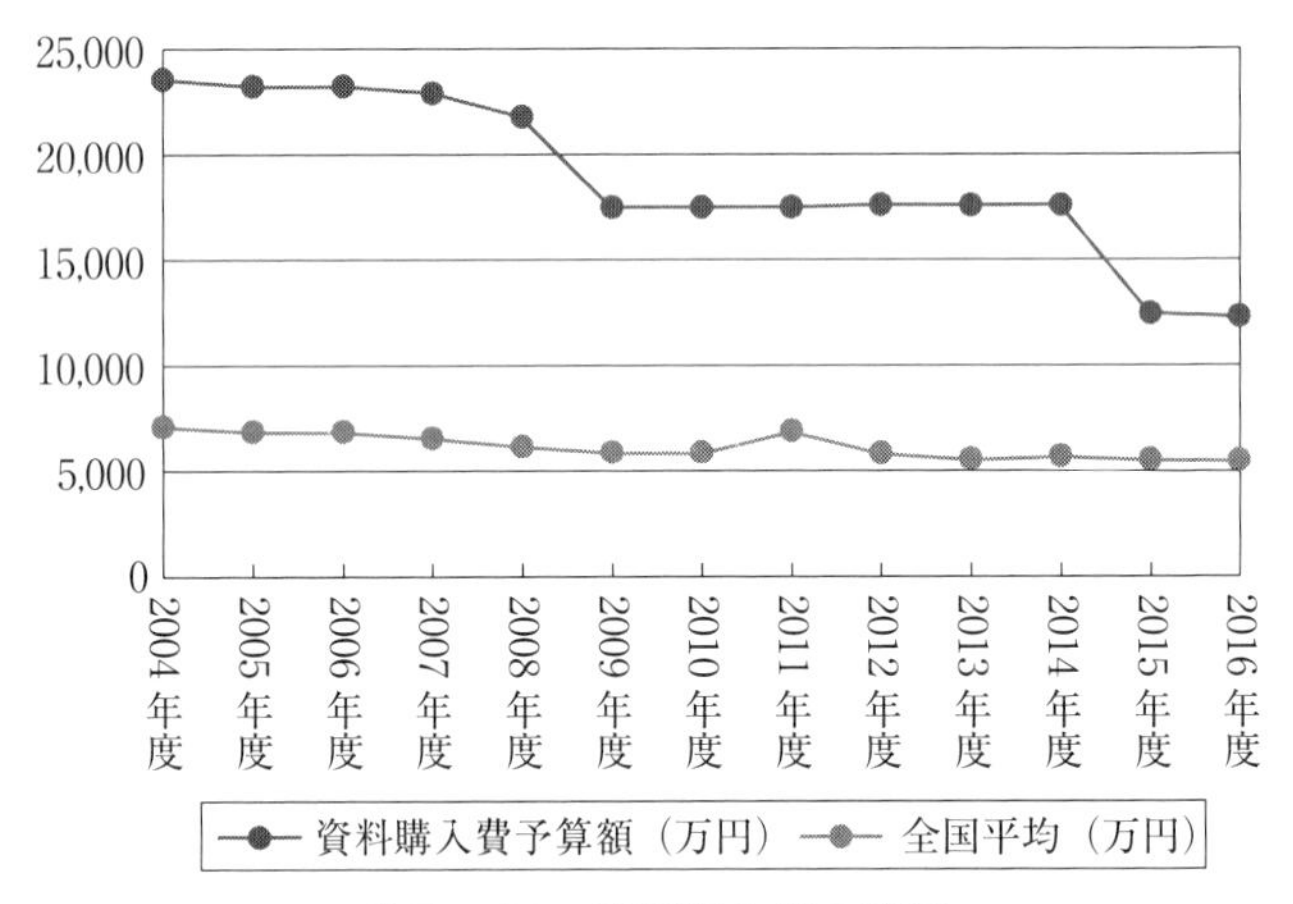

グラフ 21　資料購入費の推移

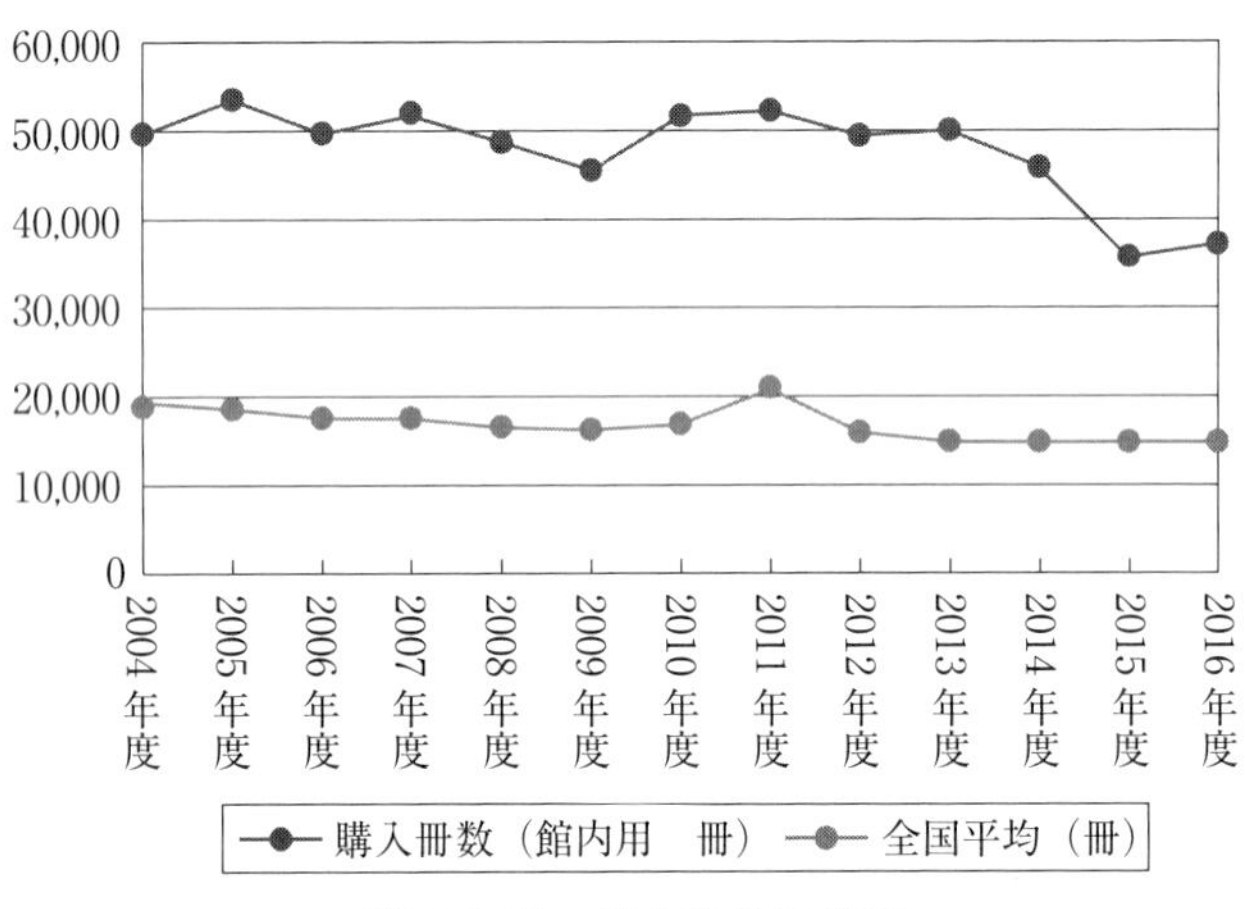

グラフ 22　購入冊数の推移

た収集方針の核となる部分を書き替えざるを得なかったそうです。「新刊図書は積極的に収集する」と改められましたが、これでは何のことか判然としません。

都道府県立図書館で資料購入費が一億円を超えている図書館が、二〇一六年度予算で東京都、岡山県、大阪府、鳥取県の四都府県だけです。東京都の三億円超えは別格として、他は一億円を少し超えているだけです。平均予算額にすると約五五〇〇万円というあまりにもむごい状況です。地域住民の窓口となって頑張っている市町村立図書館が資料購入費の獲得で苦しんでいるときです。全体を支援すべき役割の都道府県立図書館が今の状況ではとても十分な支援ができるとは思えません。日本図書館協会は都道府県立図書館には新刊図書全点が購入できる予算を確保してほしいといっていますが、そこまではできないとしても、岡山県が進めた「新刊図書の七〇％程度の収集を継続的に行うよう努める」という方針は、県民の願いでもあったわけですし、市町村立図書館の自立と併せて考えれば現実的な方向ではなかったかと思うのですが。

資料状況

館内用の図書冊数は、県総合文化センター時代は全国平均値を大きく下回っていました。四七都道府県で四〇番目ぐらいの冊数だったと思います。市町村立図書館支援が十分には行えなかった背景には、図書の不足が大きかったことがあります。その反省もあり、新館では市町村立図書館の支援を徹底して行える資料整備計画が必要でした。「新刊図書の七〇％程度の収集を継続的に行うよう努める」という基本方針を立てた一つの理由でもあったわけです。新刊図書の購入と合わせ、これまでに予算不足で購入できていなかった既刊本も積極的に補っていきまし

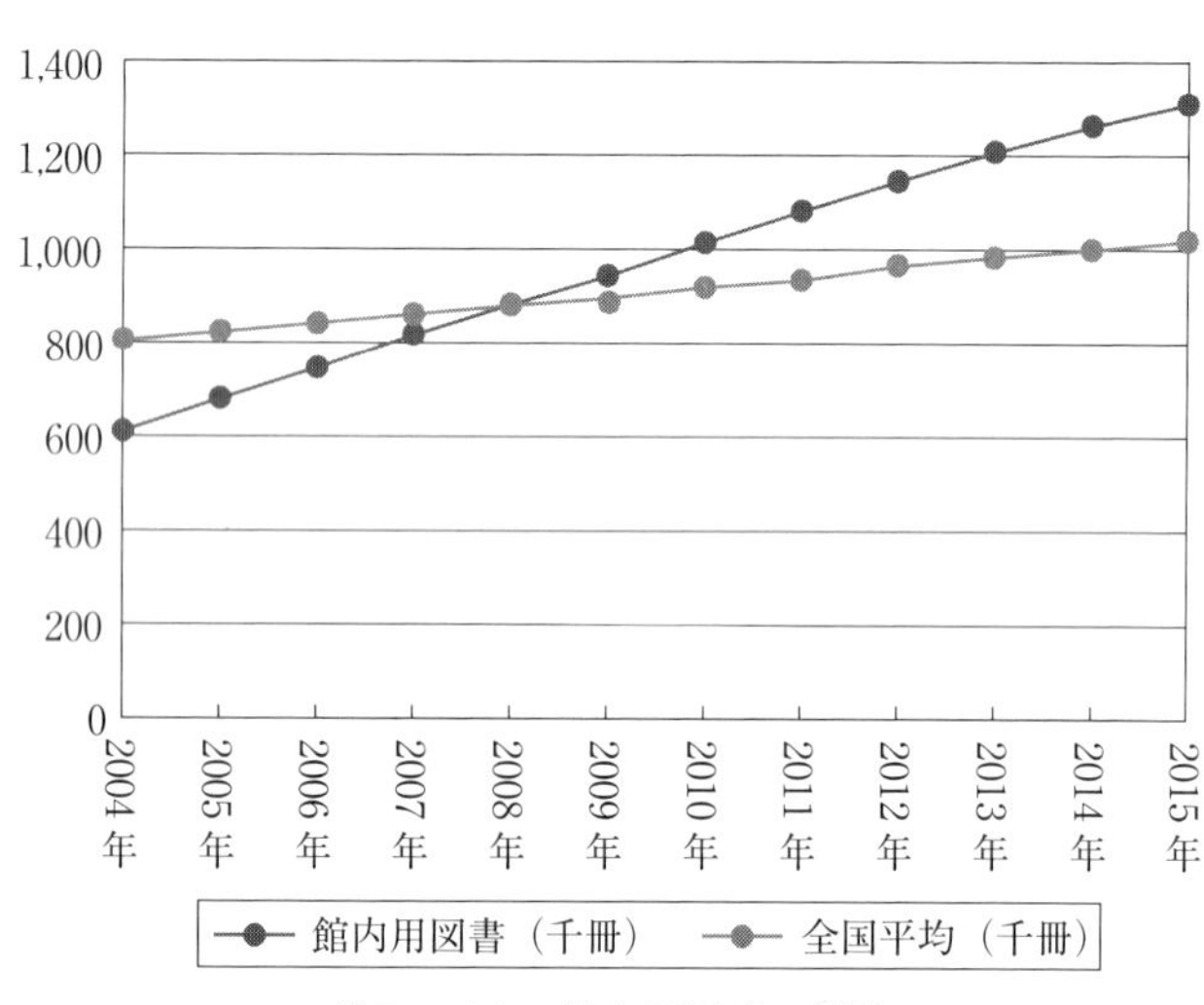

グラフ23　館内用図書の推移

た。また、新館は県内公立図書館の資料保存センターとして位置付けており、市町立図書館から多くの資料が送られてきます。結果、グラフ23で分かるように開館四年目でほぼ全国平均に達し、二〇一〇年度には一〇〇万冊を超え、二〇一五年度では一三〇万冊を超えるところまで来ました。大阪府、東京都、埼玉県、滋賀県、千葉県に次いで六番目になっています。購入冊数が多いということで、ベストセラーを大量に購入しているのではとの声を聞くこともありますが、新刊図書の収集は一点一冊を守っています。ベストセラーで予約者が多い本についても一点一冊の収集を変えることはありません。市町村立図書館の支援ということで幅広い資料の収集を考えているからです。

デジタル岡山大百科

デジタル岡山大百科は電子図書館として運営しているものです。インターネットからいつでも、どこからでも見ることができます。これには三つの機能があります。県図書館横断検索システム、郷土情報ネットワーク、レファレンスデータベースです。

県内図書館の総合目録となる県図書館横断検索システムですが、二〇一五年度現在、接続館は公立図書館全館、私立図書館一館、大学図書館九館の計八七館となっています。大学図書館にまだ未接続の館がありますが、このシステムへの接続条件が地域の住民に公開されていることとなっており、その点がクリアーできていない大学が数館あるということです。検索対象冊数は順調に伸びており、二〇一五年度はついに一一〇〇万冊を超えてきました。グラフ24のとおりです。県民が必要とする資料は県内の図書館で対応できる体制を目指しており、必要な資料をどこの図書館が所蔵しているかを迅速に検索できる総合目録の充実は大切です。図書館間の資料の相互貸借については、県が運営する資料搬送システムが整備されており、週二回の宅配便が県立図書館と接続館の間を行き来しており、大きなストレスなく他の図書館の資料利用が可能です。最近、

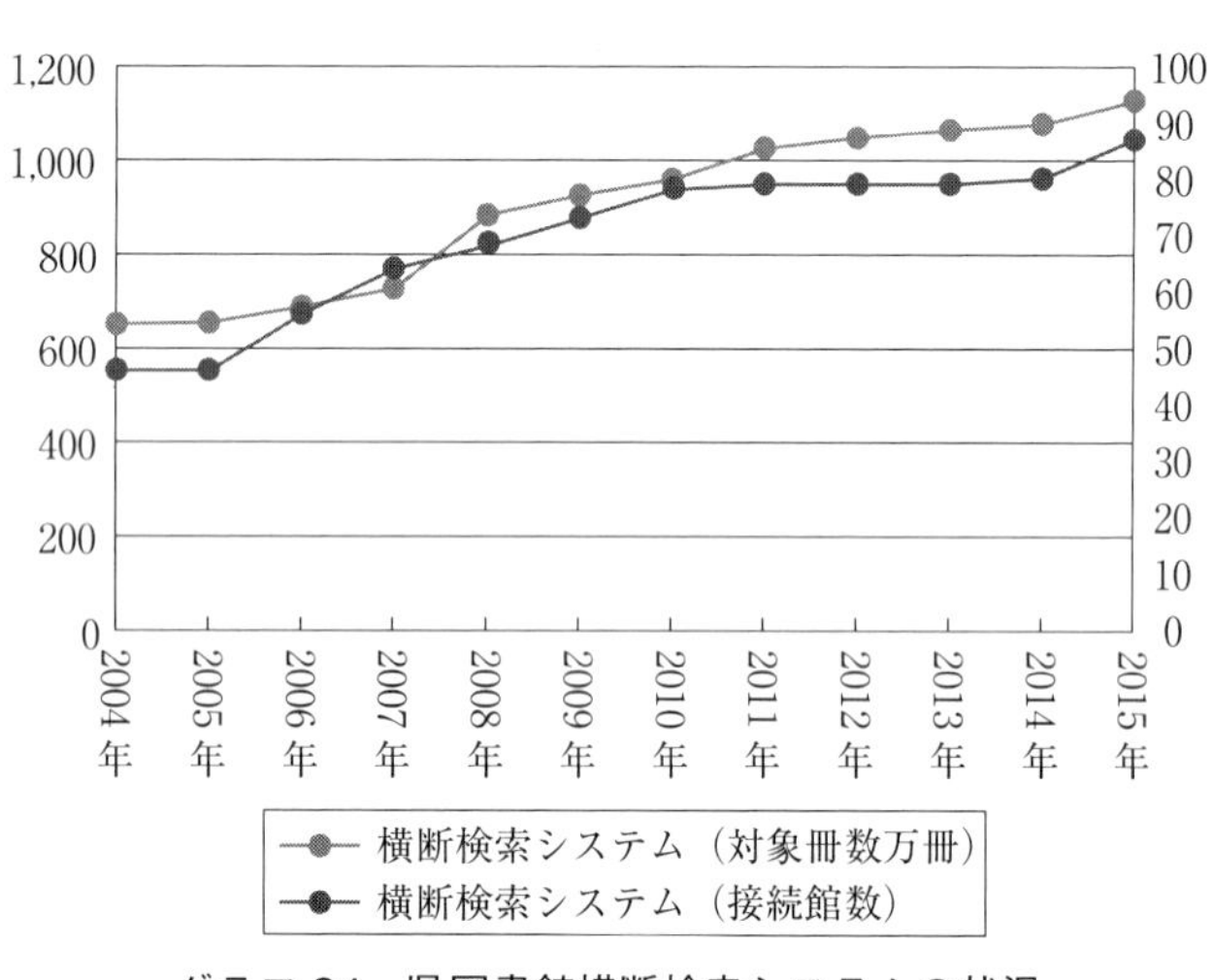

グラフ24　県図書館横断検索システムの状況
（接続館数と対象冊数）

新館建設（移転も）が四市であり、計画が二市で進んでいます。それを刺激にさらに県内図書館全体の資料が充実していくことが望まれます。

郷土情報ネットワークは、郷土岡山の「歴史的な出来事」「風景や文化的な写真」「伝統芸能」「地域の行事」「岡山ゆかりの人物紹介」などの郷土情報をデジタル化し、デジタル岡山大百科として発信しているものです。文字・画像・動画・音楽情報をネット上で見たり、聞いたり、読んだりできるデジタル世界の岡山大百科を目指しています。県内の図書館をはじめ、県民や行政、教育機関、各種研究機関等がデータを持ち寄り大百科として構築していくものです。グラフ25にあるように、データ量は順調に伸びていますが、大百科といえるような世界は一朝一夕にはできません。まさに「図書館は成長する有機体」を信

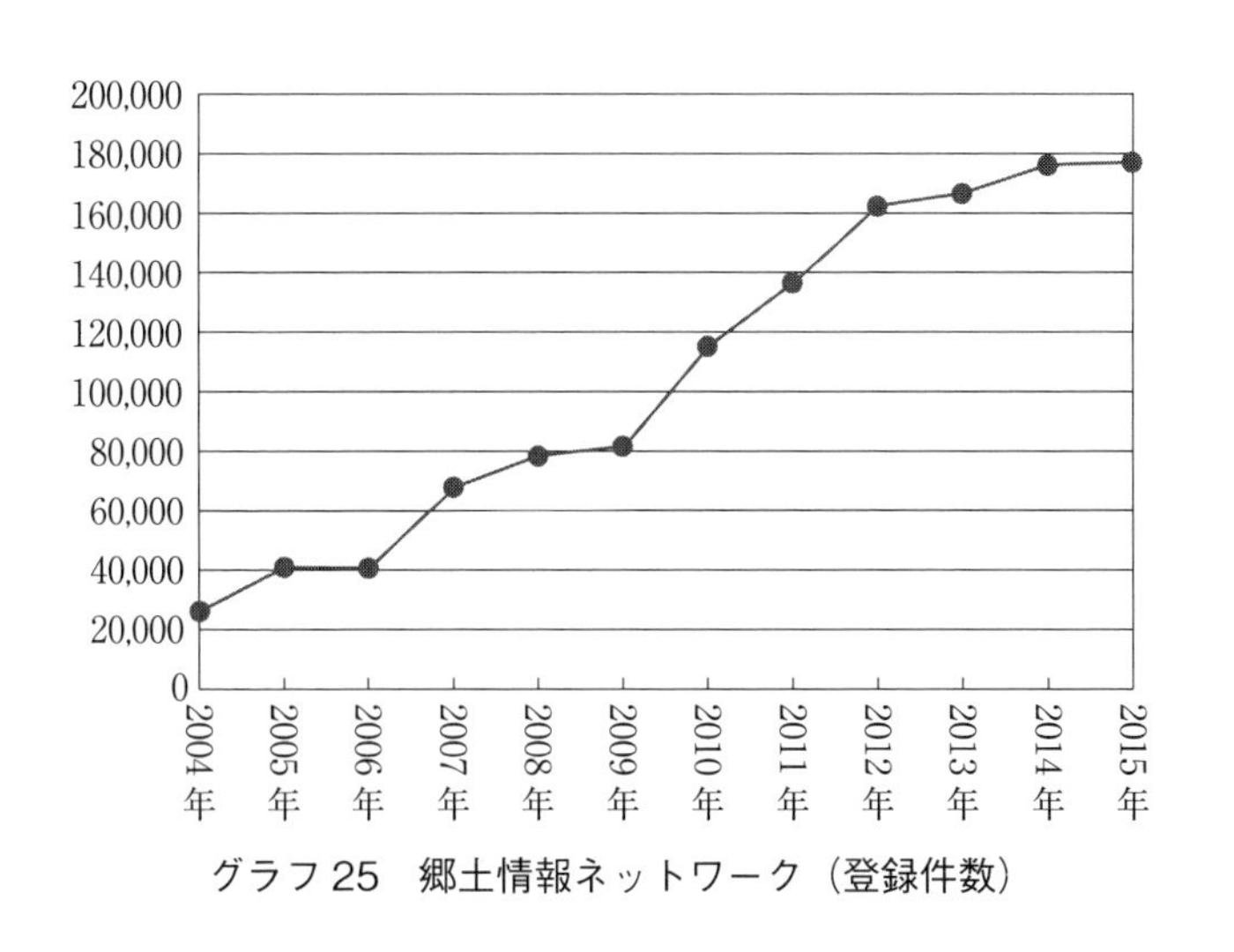

グラフ25　郷土情報ネットワーク（登録件数）

じて粘り強く取り組むべき課題だと思います。量的拡大が、いつか質的に変化して大百科として輝く時がくるはずです。なお、県立図書館には、資料をデジタル編集できるメディア工房を用意しています。機器操作などのための専任職員を配置しているので、機器等に不慣れな人でもデータ入力や作成が簡単にできます。

レファレンスデータベースですが、図書館には利用者から多くの問い合わせや調査が寄せられます。それらには所蔵する資料等をもとに調べ物の援助をしています。レファレンスサービスといいます。そこでの事例（質問内容、回答内容、回答に利用した資料）をデジタル化し、データベースとして蓄積したものがレファレンスデータベースです。グラフ26のとおり順調に増加しています。多くの事例が積み重なっていけば、将来は、県民

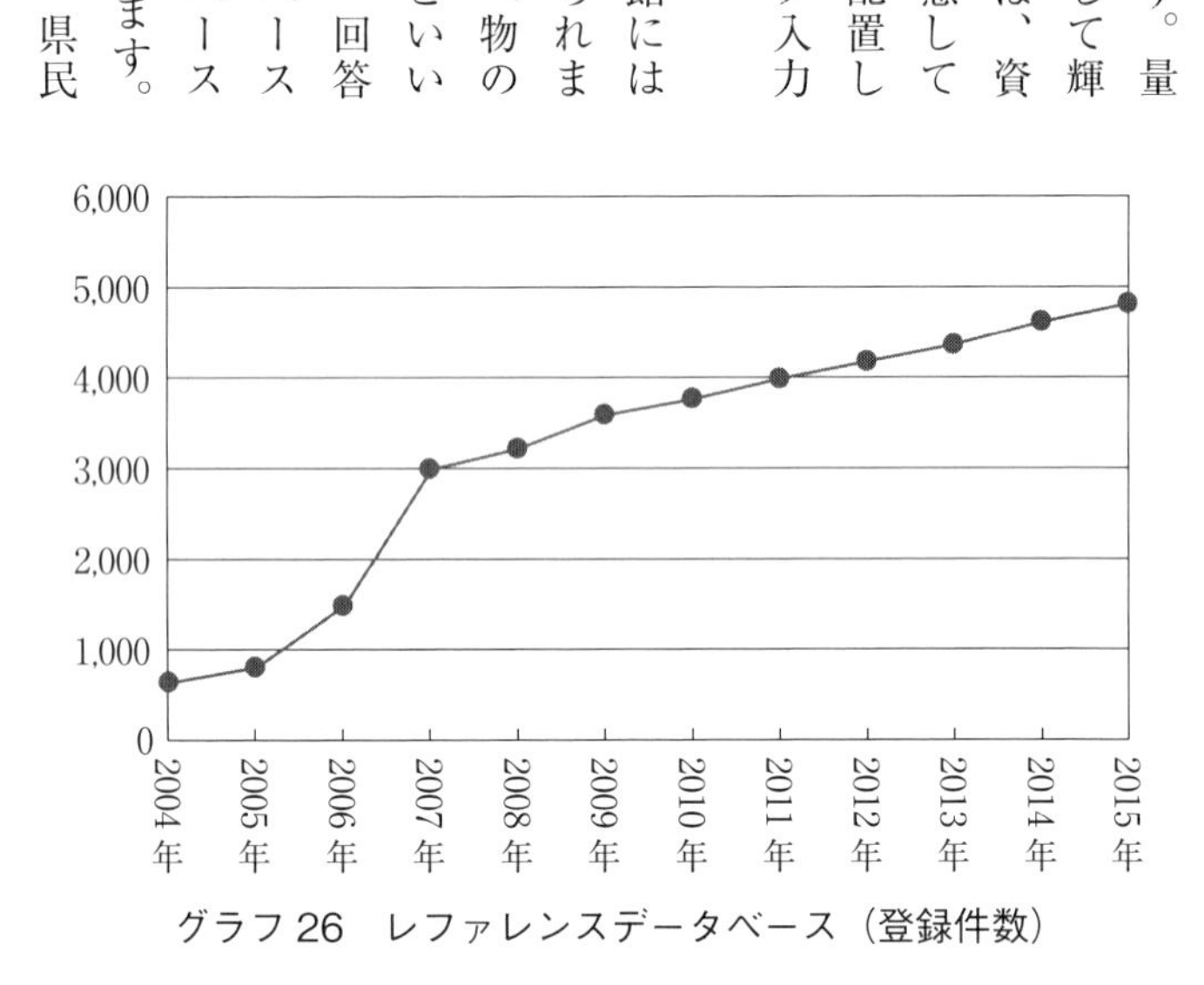

グラフ26　レファレンスデータベース（登録件数）

が調べ物をしたり、職員が研修で利用したりするうえで参考になると思います。

ただ、レファレンスサービスは、図書館によって回答や参考にした資料内容に違いが出るため、データベースに収録する場合、正確性や妥当性の面で検証作業も必要になり、量的に一気に増やしていけないという難しさがあります。国立国会図書館がレファレンス協同データベースをネット上に公開していますが、その岡山県版ともいえるものです。

第八章

基本方針
―実現できたことと、できていないこと―

『岡山県立図書館基本計画』（一九九九年）では、管理運営計画の中で次の九つの基本方針を立てていました。開館して一四年目に入ったわけですが、その基本方針に書かれていることは現在の段階で実現できているのでしょうか。

基本方針は次の①〜⑨です。職員面、資料面、サービス面、ネットワーク面、研修面といずれも新県立図書館運営の重要な部分を取り上げたものです。

①館長は専門的知識を有し、一定期間以上携われる者をもってあてる。
②主題別部門制にともなう業務の高度化、専門性に十分対応できる人材の確保・養成に努める。
③収集方針の実現が図れるよう十分な資料費の確保に努める。
④市町村立図書館の活動を積極的に支援する。
⑤岡山情報ハイウェイを通して多様な情報が受発信できるよう情報の編集・加工・蓄積、情報へのアクセス機能を充実させる。
⑥市町村立図書館等とのネットワークを形成し発展させる。
⑦県内図書館職員の資質の向上を図るため、定期的、継続的に研修を実施する。
⑧国立国会図書館、都道府県立図書館、大学図書館等との相互協力関係を確立する。
⑨岡山県図書館振興策の策定に参加する。

実現できていること

まず、②の「主題別部門制にともなう業務の高度化、専門性に十分対応できる人材の確保・養成に努める」について、開館時から専任職員四〇名（うち有資格者二四名）と嘱託職員二二名（全員有資格者）、臨時・賃金職員等で、サービス部門と資料情報部門、メディア・図書館協力部門、総務部門を運営してきました。総務部門以外は司書を中心とした職員構成で、司書については、採用にあたって司書有資格者を特定しての専門試験を行い、原則として採用者を図書館以外の職場に転出させないなど、ほぼ制度化が確立されています。

主題部門別の参考資料・人文科学資料・児童資料・社会科学資料・自然産業資料・郷土資料の六つのサービス部門には、レファレンスカウンターを設置し、県民や市町村立図書館等からの資料案内やレファレンス、選書、展示活動、講座の企画などの専門的業務を専らに行います。各カウンターには、必ず複数の専任司書と補助的業務にあたる複数の嘱託職員を確保しています。なお、資料の貸出しと返却業務については別に貸出・返却カウンターを設置し、原則としてそのカウンターで集中的に処理します。

司書の資質や能力の向上のためには、何といっても自己研修と日常業務での利用者に鍛えられる部分が一番大きいかと思いますが、文部科学省や日本図書館協会等が行う全国規模の研修会や、県立図書館や県図書館協会が実施する地域の研修会へは積極的に参加しています。日常的な研修としては、毎月一回、第三月曜日に館内職員研修会を開いています。新しいところでは、研究・研修活動を行う研究グループ八グループをつくり、四〜六名の構成員が毎月一回以上、勤務時間内に研究・研修活動を行っています。二〇一五年度は、利用者サービスと危機管理、図書館の自由と著作権、障害者・高齢者・多文化サービス、児童サービス、学校支援、レファレンス、資料収集・保存、ICT活用・電子書籍の八グループで研究活動を行いました。このグループは、研究活動にとどまらず、県内市町村立図書館等で行う研修会の講師としても活動しています。こうしたところから、②の「主題別部門制にともなう業務の高度化、専門性に十分対応できる人材の確保・養成に努める」については、ほぼ実現できているのではないかと思います。ただ、このことについては常に成長し続けなければなりませんから、これでよしという完成形はありません。

次に、③の「収集方針の実現が図れるよう十分な資料費の確保に努める」ですが、これまでは確実に実現できていたのですが、最近になって少し黄色信号が点滅を始めたというところでしょうか。グラフ27は開館してからの資料購入費の推移です。

新県立図書館の基本方針であり、また資料収集方針の柱でもある「新刊図書の七〇%程度の収集を継続的に行うよう努める」を大事にしてきました。市町村立図書館への支援を徹底して行う、県民の多様化・高度化する調査研究活動を支える、県民が必要とする資料や情報は県内でまかなう、などを実現するための「新刊図書の七〇％程度の収集を継続的に行うよう努める」ですが、開館前年度から二〇〇八年度まで二億円を超える資料購入費を確保しました。毎年発行される新刊図書だけでなく、これまで必要でも購入できていなかった資料も遡って購入しました。

二〇〇九年度から二〇一四年度の間は、一億七五〇〇万円と減額となりましたが、「新刊図書の七〇％程度の収集」は、収集方針の柱としてほぼ維持できました。そして、新刊図書の発行点数が当時の八万冊前後で推移するなら、この金額が七〇％収集をする上での最低ラインだと考えてい

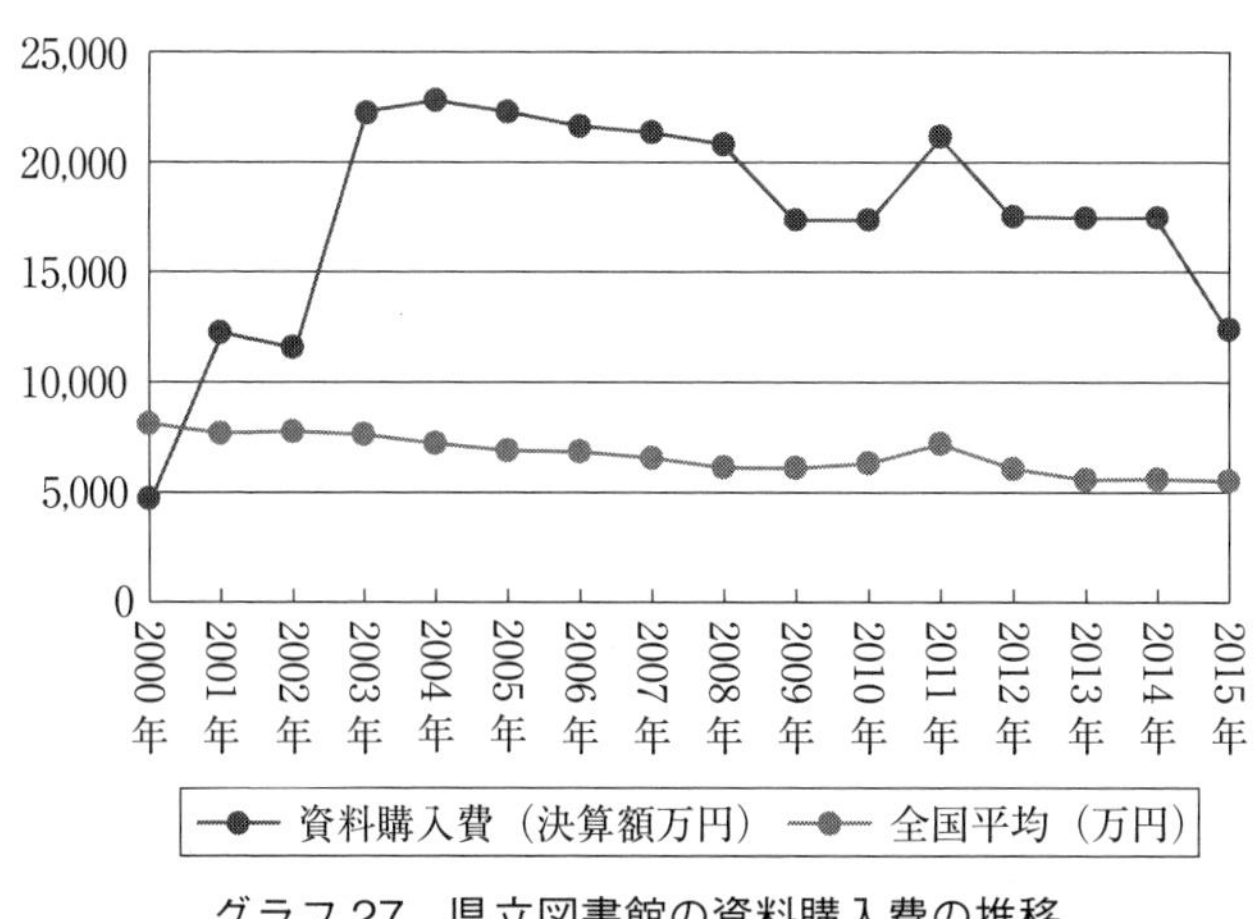

グラフ27　県立図書館の資料購入費の推移

ました。

ところが、二〇一五年度の予算で、県教育委員会は資料購入費のさらに大幅な減額を提示してきました。五〇〇〇万円減の約一億二五〇〇万円です。この予算だと資料収集方針の柱となっている「新刊図書の七〇%程度の収集を継続的に行うよう努める」は不可能となります。現場でも、粘り強く再考を求めたようですし、議会でも、「県は教育に力を入れるといいながら図書館の資料購入費を減らすのは問題ではないか」と指摘する声もありましたが、元には戻りませんでした。

資料収集方針は、その図書館の性格や進むべき方向を資料面で表すものです。図書館の仕事は長い尺度で考えねばなりません。資料収集方針の柱になる基本方針がたった一〇年ほどでひっくり返るなんて思ってもみなかったことでした。その年、「新刊図書の七〇%程度の収集を継続的に行うよう努める」という基本方針は書き替えられ、今は、「新刊図書は積極的に収集する」となっています。これでは、基本方針とは言えません。

開館当時、岡山県は深刻な財政危機の中で苦しんでいました。にもかかわらず、二億円を超える資料購入費が安定的に確保できたのは、岡山県図書館等整備基金があったおかげでした。民間からの寄付金に県が繰り入れた基金額二四億円が元です。二〇〇一年には運用益を含め最高三四億七〇〇〇万円にまでなっていました。この基金を取り崩しながら資料購入費に充てていたのです。

当然、基金額には限界があるわけですから、いつまで二億円前後の資料購入費が可能か簡単に計算できます。現場では、基金からどうやって通常予算に切り替えるかが、大きな課題になっていました。その課題は、担当部局とも共有できていたはずでした。ところが、県教育委員会は基金の延命策の方を考えはじめます。いかに基金を長持ちさせるかです。そのために資料購入費を減額させるわけですが、そうすれば、「新刊図書の七〇％程度の収集を継続的に行うよう努める」という方針は手放さざるを得ません。県立図書館と県教育委員会との間でどんな議論が展開されたのかは分かりませんが、結果として大幅な資料購入費の減額がされたことは、資料の収集方針を大転換することを県立図書館は認めたということでしょう。角を矯めて牛を殺すことにならなければよいのですが。

開館年から二〇一四年の一一年間にわたって継続してきた「新刊図書の七〇％程度の収集」ですがついに手放してしまいました。③の「収集方針の実現が図れるよう十分な資料費の確保に努める」という基本方針は、実現できていたともいえますが、定着しきれなかったということでしょうか。県は、今後基金にお金を繰り込むとはいっていますが、元の基本方針をいかに取り戻すか、大きな課題になっています。

次に、④の「市町村立図書館の活動を積極的に支援する」と⑥の「市町村立図書館等とのネットワークを形成し発展させる」ですが、グラフ28に見るように、県立図書館から市町村立図書館への協力貸出冊数は開館以降、ハイペースで増え続けています。開館前は一万冊にも満たない状況が続いていましたが、二〇一五年度には四万冊を超えるところまで伸びています。県立図書館資料の市町村立図書館への協力貸出しが普通のことになってきつつあるといえるのではないでしょうか。これには、「新刊図書の七〇%程度の収集を継続的に行うよう努める」という収集実態と県内図書館ネットワークの構築が効果を発揮しているものと思います。協力貸出し以外にも、レファレンスや職員研修、資料保存等についても市町村立図書館を積極的に支援しています。

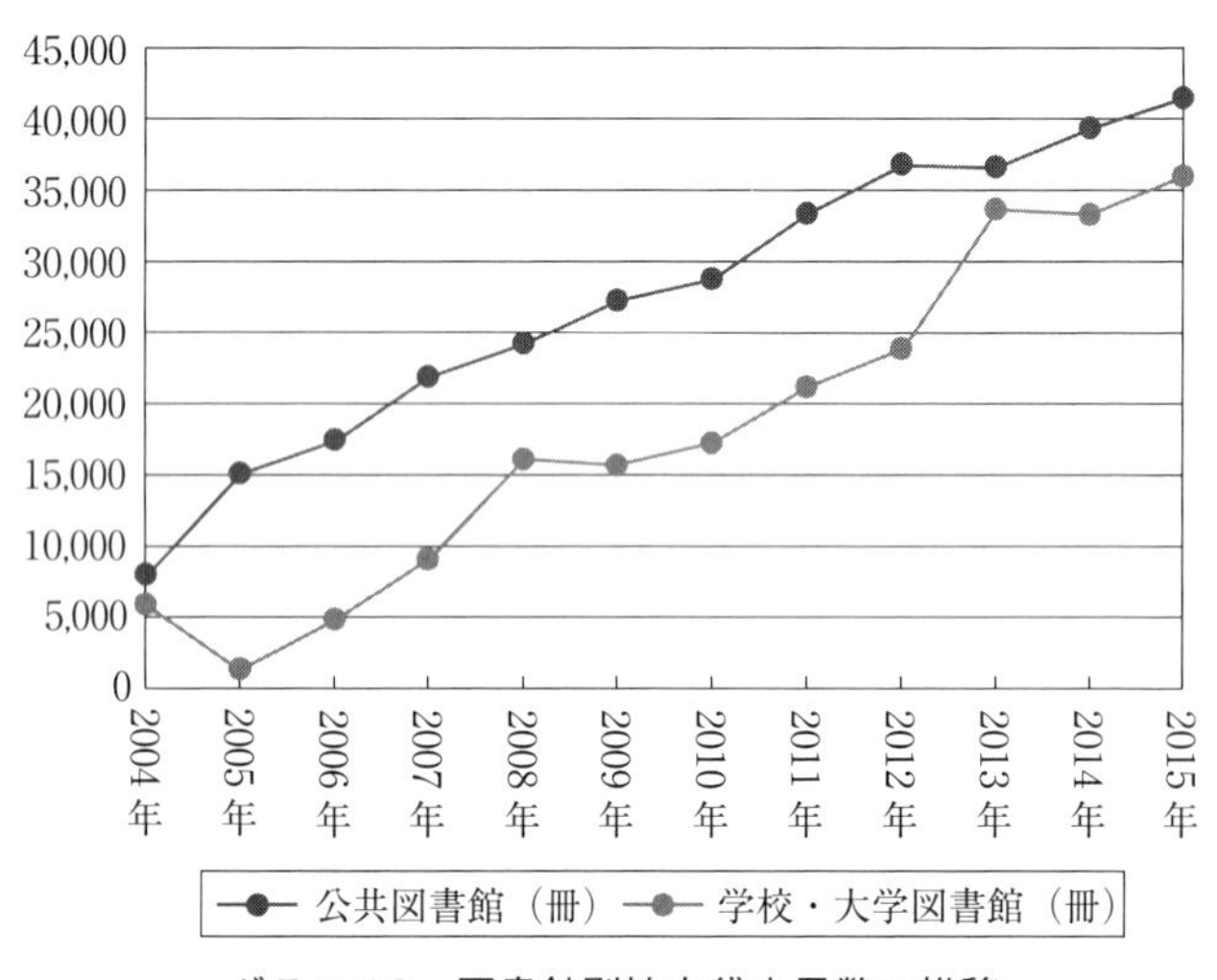

グラフ28　図書館別協力貸出冊数の推移

図書館ネットワークの構築は、県内図書館全体の振興に不可欠なものと考えていました。開館前から、市町村立図書館等と「県公立図書館ネットワーク推進協議会」を立ち上げ、総合目録としての県図書館横断検索システムと、物流システムとしての県図書館資料搬送システムの構築を目指しました。約五年の検討を経て、二つのシステムは新館から本格運用しています。内容は、全国的にも抜きん出ていたように思います。二つのシステムの完成で、県立図書館から市町村立図書館等への資料の協力貸出しがスムーズに行える環境が整ったわけです。この二つに加えて、半信半疑の目で見られていた「新刊図書の七〇％程度の収集」が、絵に描いた餅ではなく、現実のものとなったことで協力貸出しは大きく伸びていきました。これまで実現できていなかった県立図書館と市町村立図書館等との信頼関係も本物になったと思います。もちろん、県立図書館と市町村立図書館等のネットワークだけでなく、市町村立図書館間のネットワークも充実しました。なお、資料搬送には民間の宅配便を活用していますが、経費はすべて県立図書館が負担しています。二〇一五年度現在、県図書館横断検索システムへの接続館数は八七図書館、検索対象蔵書冊数は一一二七万冊に達しています。また、資料搬送施設も一四四施設となっています。

次に、⑤の「岡山情報ハイウェイを通して多様な情報が受発信できるよう情報の編集・加工・蓄積、情報へのアクセス機能を充実させる」については、岡山県が岡山情報ハイウェイ構想をスタートさせると同時に取り組んだ高度情報化モデル実験事業に、図書館として「電子図書館ネットワーク研究会」を立ち上げ、電子図書館の可能性を研究してきた成果がデジタル岡山大百科として結実しています。また、ネット上の情報や外部の各種データベースの利用もできるよう二八台の端末を配置したアクセスコーナーも設置、有料データベースとしては、二〇一五年現在、次の八種類を無料で提供しています。聞蔵Ⅱビジュアル for Libraries（朝日新聞データベース）、山陽新聞総合データベースSandex、日経テレコン21、TKCローライブラリー（判例・法令検索サイト）、NICHIGAI／WEB サービス MAGAZINEPLUS、ジャパンナレッジLib、医中誌、ルーラル電子図書館（農文協）。

先のデジタル岡山大百科は、岡山情報ハイウェイ上で郷土岡山に関する様々な情報（地域の姿）を、百科事典的に見ることができるシステムです。いわゆる電子図書館です。県図書館横断検索システム、郷土情報ネットワーク、レファレンスデータベースの三本の柱で構成されています。県図書館横断検索システムは、県内図書館等が所蔵する資料の目録情報を一括検索できる総合目録。レファレンスデータベースは、県内図書館等に寄せられたレファレンス（調査相談）の質問・回答事例、回答に当たって利用した資料をデータベース化したもの。そして郷土情報ネットワークは、郷土岡山に関する動画情報（観光、芸能、工芸など）、絵図、古地図、和装本、行政情報、生涯学習情報、博物館情報などデジタルコンテンツを検索し、内容を視聴できるシステムです。

二〇一五年度現在、県図書館横断検索システムへの接続館数は八七館、検索対象冊数は一一二七万冊に伸びています。レファレンスデータベースは登録件数が四八一一件、郷土情報ネットワークは一七万七六五八件です。

電子図書館という意味では、電子図書の活用も話題になっています。今は、少数の図書館が新しいサービスという位置づけで電子図書の提供を行っているようですが、電子図書の性質上、個々の図書館が少ない予算で進めて大きな利があるとも思えません。電子図書への取り組みは、少なくとも都道府県単位くらいで考えたほうが現実的ではないでしょうか。

次に、⑦の「県内図書館職員の資質の向上を図るため、定期的、継続的に研修を実施する」ですが、図書館間の連携・協力が成功するためには、図書館によってサービスに質的な面で大きな違いがあってはいけません。そこで重要になるのが、すべての図書館職員の資質・能力の向上です。

新館開館以降、毎年、県・市町村立図書館職員、市町村公民館図書室職員、小・中・高等学校の司書教諭・学校司書を対象に図書館職員等研修講座を年八回程度、県図書館協会が行う研修を年五回程度継続して実施しています。各図書館では正規職員が減少し、非正規の職員の比率が高くなってきています。非正規の職員だけで運営されている図書館も少なくありません。

各館での専門性の継続が困難になりつつある現状を考えると、県立図書館や県図書館協会などが実施する研修会がとても重要になってきます。

岡山県は、すべての県民が住む地域に関係なく公平に図書館資料が利用できるよう図書館ネットワークを作り上げてきました。このネットワークを本当に県民のものにできるかどうかは、一に図書館職員の力量にかかっています。そのためにも定期的、継続的に研修を実施し、図書館職員のレベルアップを図ることが常に求められます。もちろん日常の業務を通じての研修や自己研修が重要なのは言うまでもありません。

他に、「県図書館協会」では、県外で行われる全国規模の研修会に図書館職員が参加しやすいよう研修への参加助成をしています。全国公共図書館研究集会や全国図書館大会、中国四国地区図書館地区別研修会などが対象です。中小の図書館ではなかなか県外出張までして研修に参加することは難しいという事情を聞きますが、「県図書館協会」の参加助成などを活用して全国規模の研修会に参加できれば、研修そのものにさらにプラスされるものが何かしらあるに違いないと思います。

⑧の「国立国会図書館、都道府県立図書館、大学図書館等との相互協力関係を確立する」ですが、国立国会図書館が中心となって全国の都道府県立図書館、政令指定都市立図書館、市区町村立図書館とは総合目録ネットワーク（ゆにかねっと）を構築しています。これは、県域を

越えた公共図書館の和図書の総合目録ネットワークです。データ提供館のデータを国立国会図書館サーチに登録することにより、参加館同士の資料検索や相互貸借等の機能を実現できています。データ件数は全体で約四四〇〇万件（二〇一七年五月現在）に達しています。資料の相互貸借については全国公共図書館協議会が公共図書館間資料相互貸借指針を定め、事業が円滑に進んでいます。

また、国立国会図書館が実施しているレファレンス協同データベース事業に参加し、全国の都道府県立図書館や大学図書館等とともにレファレンス事例等の蓄積に協力しています。二〇一六年度現在で一七万五九七二件のレファレンス事例が登録されています。岡山県立図書館も七六九九件を登録できました。蓄積されたレファレンス協同データベースはインターネットを通じて提供され、全国図書館等におけるレファレンスサービスや職員研修、そして一般利用者の調査研究活動に役立っています。

大学図書館とは、まずは県内の大学図書館と県図書館横断検索システム（総合目録）を構築し、資料の相互貸借やレファレンスサービスで協力し合っています。また、電子図書館の中核となる郷土情報ネットワークのデータ作成でも協力関係にあります。

まだ実現できていないこと

逆に、残念ながら基本方針の中でこれまでに実現できていないこともあります。
まず①の「館長は専門的知識を有し、一定期間以上携われる者をもってあてる」ですが、図書館の館長ですからできて当たり前のように思える内容ですが、歯がゆいことになかなかそのようにはいきません。二一世紀の新しい図書館ということで、従来のありようを大きく転換できるのではと期待をし、実現のために努力もしましたが、今までのところまったく変わる気配はありません。

県総合文化センター時代には、館長は、行政職の人や県立学校長が定年退職前の数年間を務めるという形でしたが、人によっては通信教育等で司書資格を取得する努力をされる人も見られました。図書館長には司書資格があった方がいいという考え方がまだ生きていたように思います。

岡山県立図書館になってからも、館長は行政職の人が定年退職前の二、三年を務めるという形のままです。開館以降、一三年間で六人の館長が運営にあたりました。県立図書館長は自館の運営だけでなく、県内図書館全体の振興にまで責任がある立場です。図書館が進むべき方向も示さないといけません。当然、司書の育成も大きな仕事です。行政職から突然館長に就き、とても二、三年でどうこうなるものではありません。ただ、この問題は岡山県に限りません。全国的にも司書資格がある館長の割合は低く（図書館全体では二〇％程度）、都道府県立図書館では深刻な問題の一つといえます。

図書館法の規定に基づき「図書館の設置及び運営上の望ましい基準」（二〇一二年文部科学省）が告示されますが、その中で館長には、「司書となる資格を有する者を任命することが望ましい」と書かれています。しかし、基準は法律ではないという理解でしょうか、県教育委員会にも望ましい基準に沿うよう人事を行うという意識は希薄なように思われます。

二〇〇八年五月の第一六九国会で「社会教育法等の一部を改正する法律案」が審議されたとき、次のようなやりとりがありました。議員の、「館長さんというのは司書資格を持っていることが望ましいというふうに思うわけですが」という質問に、文部科学省生涯学習政策局長は、「専門的な資格の代表である司書資格を必ずしも持っていない行政職が図書館長に任用された場合にも、司書資格を有している者と劣らない実績を上げている」などと答弁していています。文部科学大臣にいたっては、「正直にお答えしますが、いわゆる専門性があるからその人がなるということは、とかく実は弊害もあるんですね」と言い放っています。専門職での弊害が何のことをいっているのかは分かりませんが、四〇年余り行政職館長での図書館運営の実態を見続けてきたものには到底納得できるものではありません。どうも文部科学省には、館長には専門的知識よりマネジメント力（経営能力）のほうが大事という考え方があるように思います。それが司書には備わっていないという理解なのでしょう。こうした発言が公立図書館を所管するトップから、世間話ではなく国会の答弁で出てくるのですから、せっかくの望ましい基準も反故にされるのは目に見えています。

岡山県は専門職制の面で、「採用が専門職種として行われる」「原則として他の職種への異動がない」などは評価できるところですが、「館長や他役職者も有資格者」といった面は、特に有資格館長についてはまだまだその一歩さえ踏み出せていない状態です。

⑨の「岡山県図書館振興策の策定に参加する」についても、実現できていません。県では、以前は市町村で図書館が建設されるとき、その建設費の一部を予算措置して補助していましたが、国の施設整備補助事業が、一九九八年度以降、「図書館はもう一定程度整備された」という判断で全廃されたとき、県の図書館施設整備補助事業も終了しました。

『岡山県立図書館基本計画』（一九九九年）を策定する段階で、新県立図書館の建設を機に県内図書館振興策を策定しようという意思表示はあったのですが、県の財政面での逼迫は想像以上で、とても予算を伴う図書館振興策は考えられない状態でした。「金は出さないが、口は出す」的な振興策は作れないということで足踏み状態になった経緯があります。

　また、新館の開館時は平成の大合併の時期であり、岡山県でも市町村合併が促され、七八市町村が現在の二七市町村へと向かう過渡期にあたっていました。図書館未設置自治体が一気に減少し、未設置自治体を対象にした施設の整備補助事業はその意義が薄れていきました。

　しかし、大合併により、それまでの課題だった未設置自治体の解消に代わり、新たな問題点として浮上してきたのが、多くの自治体が広域化するという状況で、全域サービス（自治体内のどこに住んでいても公平に図書館資料を利用可能にする）をどう実現していくかということでした。新たな局面が生じていたわけですから、県教育委員会にはハード面での整備事業に代わるソフト面での県内図書館振興策に取り組んでほしかったという思いがあります。

第九章

いま心配なこと

新県立図書館も二〇一七年で一四年目に入ります。新聞やテレビ等では、入館者数と個人貸出冊数が都道府県立図書館比較では全国一位、しかも開館以来継続しているということで、好意的に伝えてくれています。ただ、県立図書館の活動を評価するとき、この二つの数字ばかりが突出して伝えられるので、あちこちから、県立図書館としては直接サービスに偏りすぎているなどと批判も浴びているようです。しかし、他の対図書館間貸出冊数、レファレンス件数、蔵書冊数、資料購入費などさまざまな統計数字を幅広く見ても活発な活動が展開できているといっていいのではないでしょうか。また、都道府県単位で県民一人当たりの個人貸出冊数を比較すると、岡山県は、東京都、滋賀県に次いで三位に位置しています。他の図書館と競争をするわけではありませんから、順位に特に意味はありませんが、活動状況を把握するうえでは参考になります。

開館以来、五年間の中期サービス目標を設定して、県立図書館としての基本的なサービスを中心としながら、多くの事業を実施し、評価、改善を繰り返してきました。二〇一六年度からは第三次の中期サービス目標に入っています。かなり高い目標値を設定していながらこれまで順調に達成できてきたのではないでしょうか。今後も、県民や市町村立図書館との信頼関係をさらに深め、基本的なサービスを大事にして伸び続けていってほしいと願っています。

それでは、何もかも順調かといえば、そうもいえない心配なこともあります。

資料購入費が大幅に減少

一つは、資料購入費です。二〇一五年度に、前年度の一億七五〇〇万円から一気に一億二五〇〇万円に、五〇〇〇万円の大幅な減額となりました。そのため開館年から二〇一四年までの一一年間大切にしてきた「新刊図書の七〇％程度の収集を継続的に行うよう努める」という県立図書館の基本方針・収集方針の柱を、二〇一五年度から手放さざるを得なくなりました。作り上げる困難さに比べると、壊すことのなんと簡単なことか。第五章「ここからが正念場」で、「新刊図書の七〇％の収集」という見出しで詳しく書きましたので繰り返しませんが、県議会で教育長が県民に約束したとても大事な収集方針がいとも簡単に破棄されたことは残念でなりません。収集方針は、県立図書館が目指すサービスを達成するための蔵書構成方針であり、県民にとっても、市町村立図書館にとっても大事な綱領的文書です。単に予算が減ったという問題ではありません。

「図書館資料は量より質だ、図書館の命はストックだ」などともいわれますが、都道府県立図書館にとってその役割を果たすためには量的拡大は必須です。そして、量的拡大を継続することで質的転換は起こります。また、ストックの充実にもつながります。量的にも質的にも、またストックとしても十分な資料を継続、充実させていくことで、県立図書館は、県民の知る自由、読む自由、学ぶ自由を市町村立図書館とのネットワークを通じて保障していくことができるのです。

「新刊図書の七〇％程度の収集を継続的に行うよう努める」という収集方針の柱が消えた影響は、今後、サービス面においても暗い影を落としていくのではないかと心配です。

知る自由を保障する図書館として

気になったのが、二〇一五年に太田出版から刊行された『絶歌』[1]を巡る県立図書館の対応です。この本は、一九九七年に神戸で起きた連続児童殺傷事件の加害者が、元少年Ａという仮名で書いた手記ですが、彼があの猟奇的な事件を起こすに至った経緯や、犯行後の生活の様子などが書かれています。事件が事件であっただけに、突然の出版に戸惑いや怒りが交錯する状況が出現しました。図書館でも、普通に収集・提供するから、収集はするが提供では年齢制限をする、収集はするが提供しない、収集しない、などこの本の扱いを巡って混乱しました。

岡山県立図書館は、収集はするが、一八歳未満の利用者には提供しないという方針をとりました。一般に流通している本を利用制限するのですから異例といえば異例です。年齢制限をする場合として、岡山県青少年健全育成条例で有害図書指定を受けたものがあります。岡山県内の図書館では、『完全自殺マニュアル』[2]が指定され利用制限された例が一度ありました。しかし、『絶歌』はそうした指定を受けた本ではありません。県立図書館が独自に制限したものです。図書館の自由に関する宣言では、「図書館は、国民の知る自由を保障する機関として、国民のあらゆる資料要求にこたえなければならない」とする基本理念を掲げています。ただ、提供の自由は、次の場合に限って制限されることがあるとも書かれています。一つには、人権またはプライバシーを侵害するもの、二つには、わいせつ出版物であるとの判決が確定したもの、三つには、寄贈または寄託資料のうち寄贈者または寄託者が公開を否とする非公刊資料、これらの場合です。また、副文の一つに、「すべての国民は、図書館利用に公平な権利をもっており、人種、信条、性別、年齢やそのおかれている条件等によっていかなる差別もあってはならない」とも記されています。

日本図書館協会は、早くに『絶歌』はこれらの制限要件には該当しないと発表しました。にもかかわらず、多くの図書館では収集を放棄したり、提供を制限したりしました。岡山県立図書館や滋賀県立図書館等は年齢制限を課しました。図書館は資料を提供するところであって、利用制限するところではないはずです。地元の山陽新聞の投書に、上部からの圧力があったということが書かれていましたが、もし本当ならゆゆしき問題です。

新県立図書館では、開館当初から「利用制限資料検討委員会」を設置して、利用を制限する必要があるかもしれない資料についての取り扱いを慎重に検討してきました。多くの具体的事例に基づく検討と研修を重ねてきたことで、資料の提供制限についてはすでに揺るがない方針ができていたと思います。図書館としては、どんな組織的な圧力や干渉があったにしても、積み上げてきた方針を簡単に手放してはいけません。図書館界は図書館の自由に関する宣言を公表して国民に約束しています。「図書館は資料提供の自由を有する」「図書館は資料収集の自由を有する」と。もちろん法律ではありませんから、その約束を破ったからといって罰せられるわけではありません。しかし、住民から信頼を失うのは間違いがありません。公立図書館が住民から信頼を失うというのはあってはならないことです。知る自由を保障する役割を目指す図書館には、引き下がってはいけない一線というのがあるのではないでしょうか。『絶歌』のケースはそれに該当するように思えるのです。事情はどうであれ、何らかの利用制限をするというのは、最終的には図書館長の判断になるのですから、今後はその取扱いが前例となっていくわけで何とも釈然としません。

『絶歌』の問題については、当時、地元の山陽新聞社からインタビューを受け、その記事が山陽新聞朝刊のオピニオン欄（二〇一五年九月二七日）に「『知る自由』保障する役割放棄しないで」というタイトルで掲載されました。当時の自分の正直な受け止め方ですので、記事をそのまま転載します（字句を一部訂正しています）。

「知る自由」保障する役割放棄しないで。

神戸市で一九九七年に起きた連続児童殺傷事件の加害男性が「元少年Ａ」の筆名で書いた手記『絶歌』（太田出版）の発売から約三か月が過ぎた。この間、出版の是非や元少年Aをめぐって多くの議論が起こったが、今も混乱が続くのが公立図書館界だ。収集もしない館から通常通り貸し出す館まで、対応が大きく分かれた事態の背景に何があるのか。〝民主主義の砦〟といわれる図書館の役割も問われる問題について、図書館実務の経験も豊富な菱川廣光・山陽学園大特任教授（図書館学）に解説してもらった（岩崎充宏）。

―これまでの経緯を図書館からの視点も含めて振り返ってほしい。

今年六月に『絶歌』出版が明らかになるとすぐ、被害者遺族が「二次被害を受けるため回収してほしい」と出版社に強く抗議。これに添うように、出版社や元少年Aを批判、攻撃したり、同書を販売しない書店が現れたりと否定的な意見や行動が目立った。極め付きは明石市長が市内の書店や住民に手記の販売・購入について「配慮をお願いする」とした発言。いずれも被害者遺族の感情に寄り添うという、いわば正義の立場に立つことで発言や行動がより先鋭化したように思う。こうした影響が図書館にも及んだ。

基本的に本の収集は図書館長の権限であり、出版・流通している本について批判がある場合、図書館の収集委員会や提供制限の検討委員会が判断してきた。ところが今回は、行政の長らが収集の是非について発言する例が見られた。異例なことだったと思う。

――公立図書館の対応は具体的にどうなっているか。

次のように分かれた。

①一切収集しない。地元兵庫県の神戸、明石の市立図書館や金沢市立図書館がある。

②収集するが貸し出しはしない。兵庫県立がそう。

③収集、貸し出しするが利用に年齢制限を設ける。滋賀県立の二〇歳以上に続き、岡山県立図書館も一八歳以上とした。

④通常の資料とほぼ同じく収集、貸し出しする。県内では岡山、倉敷、津山市など一二市町の図書館がある。

⑤判断を保留している。

――対応が分かれた事態をどう見ているか。

憲法で保障された表現の自由は、知る自由、読む自由が伴わないと成立しない。今の民主主義社会で公立図書館の最も大切な役割は知る自由を保障すること。ある本を読みたい人がいる場合は当然、各館の収集方針・基準に基づいて判断し、利用に供するべきだ。

『絶歌』は、執筆・出版・販売の全てがだめという人から、当事者が書くことに意味があるという人まで、賛否両論がせめぎ合う。この場合は特に、図書館は早く資料を受け入れて知りたい人に提供することが大事。本の内容や出版を支持するということではなく、判断に困る人、考えたい人に材料として提供するのが本来の役割だからだ。公立図書館がいつまでも態度を保留して市民からの提供要求を受け付けない。これは市民の知る自由を保障する図書館の本来の在り方とは正反対の態度だ。

社会に流通している『絶歌』は住民に読まれる自由を持っている。誰であれその自由を奪う権利はない。公立図書館が収集にあたって特別視すべき本ではない。この本と真摯に向き合うべきである。もし、公立図書館の収集・提供活動にストップをかけている圧力や干渉があるのなら、そのことが住民の利益にはならないことを認識すべきだ。

―日本図書館協会もいち早く『絶歌』は収集・提供制限資料に該当しないと確認している。

これまでは、日本図書館協会が判断を示せば混乱は収まったものだが、今回は違った。実際、態度を保留したいくつかの公立図書館で意見を聞いたが、館としては住民に提供したいのだが、と歯切れの悪い答えが返ってきた。外からの圧力や干渉があったと想像する以外に理由が見つからない。

公立図書館が住民への「約束」としているものに日本図書館協会の「図書館の自由に関する宣言」（一九七九年）がある。主文の第一で「図書館は資料収集の自由を有する」とし、その副文で、図書館は「自らの責任において作成した収集方針にもとづき資料の選択および収集を行う。その際、個人・組織・団体からの圧力や干渉によって収集の自由を放棄したり、紛糾をおそれて自己規制したりはしない」としている。これは法律ではない。図書館から国民への「約束」である。守らないからといって罰せられることはない。しかし、図書館は失敗を繰り返しながらも宣言の精神をより強固なものにしてきたのである。

この宣言を自ら放棄するかのような対応は残念だ。

――利用に年齢制限を設ける例については。

これも問題がある。知る自由が年齢や性別で差別されてはならないことは、一八歳未満が対象の「児童の権利に関する条約」や「図書館の自由に関する宣言」でもはっきり認めている。ところが、山陽新聞報道（八月一三日付朝刊）によると、「描写の残虐性などが青少年に与える影響が大きいため」として、岡山県立図書館では『絶歌』を書庫に保管した上で利用を一八歳以上に限ったという。

表現の残虐性を理由に利用制限した例は、二〇一三年に松江市教委が漫画『はだしのゲン』[3]を学校図書館の閲覧室から引き揚げさせ、間もなく撤回に追い込まれた騒動が記憶に新しい。

憲法で保障された自由を制限するには相応の理由が必要だ。岡山県立図書館では、県青少年健全育成条例で有害図書指定された本を利用制限したことはあるが、図書館自体で残虐性を理由に年齢による利用制限をしたことはなかった。今回のようにあいまいな、恣意的な判断で制限対象資料にした例を知らない。果たして誰がどういった基準で指定されたのだろうか。

実はこの事件を扱ったものでも、『絶歌』では注意深く避けられている殺害の具体的描写を掲載した資料（元少年Aの検事調書を収録した雑誌）が通常通り利用できる。『はだしのゲン』もそう。これらとどう違うのか。岡山、倉敷など多くの市町では一八歳未満でも読めるものが、岡山県民の立場になると読めないのもおかしな話だろう。県下の図書館は県立図書館に『絶歌』の貸し出しを依頼するとき利用者が一八歳以上である確認作業を強いられるのだろうか。『絶歌』に限っての制限という立場かもしれないが、そんな勝手が許されるものではない。図書館の責任として、提供制限した理由を県民に丁寧に説明すべきだ。

—図書館のあり方をあらためて考える契機になりそうだ。

この本には問題がありそうだから収集・提供しないではなく、何がどう問題なのかを住民が知るために提供するのが公立図書館のあるべき態度。資料はいろいろな観点や考え方で読まれるもので、公立図書館はその内容を支持したり批判したりするものではなく、住民の要望に応じて提供する機関だ。どんな理由があっても、住民が知りたい、読みたい本を提供制限することは、公立図書館が検閲官の役割をしていることにほかならない。図書館界が長い時間をかけて築き上げてきた「知る自由を保障する機関」としての役割を放棄しないでほしい（山陽新聞朝刊二〇一五年九月二七日）。

なお、当時、県内の公立図書館（県と二五市町）で『絶歌』を収集提供しているのは半数の一三自治体で、提供制限をしているのは県（書庫・一八歳以上）、岡山市・玉野市（書庫）となっていました。私立では金光図書館が制限なく提供しています。現在（二〇一七年五月）、収集、提供している県内の自治体は一五自治体で県、一一市、三町となっています。

注

（1）元少年Ａ『絶歌』太田出版、二〇一五年
（2）鶴見済『完全自殺マニュアル』太田出版、一九九三年
（3）中沢啓治『はだしのゲン』全一〇巻、中央公論社、一九九六年

第一〇章

これからの課題

―指定管理者制度をどう考えるか―

県内の市町村立図書館は、これまで指定管理者制度の導入については慎重な姿勢を取ってきましたが、最近になって急に大きな変化が見られました。

二〇一七年二月に、高梁市立図書館が蔦屋書店を手がけるカルチュア・コンビニエンス・クラブ（ＣＣＣ、東京）を指定管理者としてＪＲ備中高梁駅北隣に新館開館しました。

また、四月には玉野市立図書館（中央公民館との複合施設）が、図書館流通センター（ＴＲＣ、東京）を指定管理者として地元のショッピングセンター・メルカの二階へ移転・開館しました。

両市とも新図書館の必要性は以前からいわれていましたが、二〇一五年の段階で指定管理者による運営が明らかになると、市民の間に戸惑いが広がりました。両市とも市長のトップダウンだったようです。高梁市では、それまで「高梁中央図書館建設計画策定委員会」が設置され、二〇一二年一一月には『高梁中央図書館建設基本計画』[1]が策定されていました。その中で、新図書館の運営は「市直営を基本とする」としていたこともあり、すぐに市民から反対の声が上がりました。「私たちの高梁中央図書館をつくる会」が急ぎ結成され、市直営の図書館を求める陳情書と署名が市議会に提出されましたが、総務文教委員会で四対三という微妙な決定でしたが不採択となりました。

玉野市でも、「たまのの図書館を考える市民の会」が結成され、市が進めようとしている市立図書館の商業施設への移転や指定管理者制度の導入などに対して、時間をかけて十分議論してほしいとする要望等が出されましたが、市の計画が変わることはありませんでした。

なぜ両市とも、地域住民の知る自由や学ぶ自由という社会の根幹を支える図書館に、指定管理者制度の導入を強引に進めていったのでしょうか。両市に特別なことなのか、それとも県内の市町村立図書館の現状に指定管理者制度の導入を容易にさせる下地ができつつあるのか。とても気になるところです。

それと、両市であった首長のトップダウンという手法ですが、最近の図書館界ではよく耳にします。岡山県立図書館の新館建設でもまさにそれが行われたわけですが、「決められる」意識が前に出過ぎているように思えます。まずは事前に地域住民や司書など専門家の意見もしっかり聞いて、多くが納得できる最終的な判断をしていただきたいと思います。

これを機に、市町村立図書館の運営はどうあるべきなのか、併せて考えてみたいと思います。

県内市町村立図書館の状況

岡山県内の市町村立図書館の活動状況ですが、表1の通りです。二七自治体のうち未設置は新庄村、西粟倉村の県北二村（図参照）だけになりました。本格的な市町村合併が始まる前の二〇〇四年には、図書館未設置町村も多く（七八市町村のうち三七町村が未設置）、その解消が大きな課題でしたが、いまは市町村合併により広域化した自治体で全域サービスをどう展開していくかに課題も移っています。図書館数は、地区館、分館を合わせて六二館という状況です。

住民の登録率は、二〇一三年度にはついに五〇％に達し、二〇一五年度は五三％を超すまでになりました。図書館が住民の生活にかなり定着してきたこ

表１　県内市町村立図書館の活動状況

年度	館数	職員数（正規）	資料購入費千円	個人貸出冊数千冊	登録率％
2008	60	365（132）	410,601	10,449	45.6
2009	61	373（130）	410,275	10,805	46.9
2010	60	366（116）	406,882	11,140	45.8
2011	60	372（111）	440,152	11,097	48.2
2012	62	382（114）	391,734	11,064	49.8
2013	62	392（112）	394,958	10,875	50.7
2014	62	392（110）	438,255	10,922	51.3
2015	62	406（106）	444,520	11,167	53.3

とがうかがえます。

問題は職員数、資料購入費、個人貸出冊数の項目です。まず職員数ですが、図書館数が増加しサービス内容も拡大していくなか、職員数全体は四一人増加していますが、正規の専任職員数はこの八年間で二六人も減少しています。二〇一一年度からは正規の専任職員数は全職員数の三〇%を切る状況です。民間企業での合理化が進んでいるといっても、正規の職員数は六〇～七〇%程度ということを考えると、市町村立図書館の場合、極端に正規の専任職員の削減が進んでいるのが分かります。官製ワーキングプアーの温床といわれても仕方ないところです。これは岡山県だけのことではなく全国的にも似た状況です。行革を推進する中で、自治体の定数削減のしわ寄せが図書館職員にきているといってもいいでしょう。

正規の専任職員とその他の職員の数は二〇〇二年度に逆転しています。市町村立図書館の活動を支える主体が、数字の上では非常勤や臨時、委託職員に移ってきているといえます。二〇一五年度では正規の専任職員数はなんと二六%です。正規の専任職員が一人もいない図書館も三六館（五八%）あります。こうした状況は、図書館業務の継続性や専門性の積み上げ、図書館ネットワークの拡充の面で大きな問題です。

次に資料購入費ですが、二〇一二年度まで下がり続けていました（二〇一一年度は臨時増）が、複数の市で新館計画が進んだこともあり全体として最近は増える傾向にあります。ただ、新館予定の自治体を除けばやはり資料購入費は十分とはとてもいえない状況です。資料購入費は望ましい図書館を実現するうえで極めて重要です。書架に並ぶ本に魅力がなくなれば、住民の図書館への期待や信頼を失うことにつながります。図書館サービスは、供給が需要を喚起するといった側面を持っています。一定額以上の資料購入費はぜひとも必要です。

次に、個人貸出冊数ですが、二〇〇四年度に新県立図書館が開館し、同一地域内にある岡山市立図書館の個人貸出冊数が大きく減少したことで、全体が一時的に下がったことはありましたが、二〇一〇年度まで年々上昇していました。ところが、二〇一一年度から減少し始めます。さらに一二、一三年度と続いて減少したので、これは資料購入費や正規の専任職員の減少で図書館の体力がいよいよ限界に来たのではないかと心配になりました。ところが、二〇一四、一五年度と再び上昇に転じました。特に、二〇一五年度はこれまでで一番多い個人貸出冊数となっています。前年度と比較して減少したのは二五市町のうち五市一町だけでした。岡山市や倉敷市など大規模な図書館での伸びが全体を大きく押し上げています。ただ、個人貸出冊数については、全体が伸びたからといって単純に良とするわけにはいきません。個々の図書館の内容を詳しく見る必要もあります。

全体が連続して伸びた背景には、日常の図書館活動の改善のために広域サービスを実施したり、開館時間を拡大したりと個々の図書館の努力が大きいと思います。また、指定管理者制度の問題がいきなり身近に出現したことで、図書館の現場にも相当な危機感が出てきたということもあるのではないでしょうか。地域住民への向き合い方に変化が出てきたように思います。

市町村立図書館を少し細かく見ていくと、町立図書館は貸出密度（住民一人当たりの個人貸出冊数）を指標に見る限り、同程度の人口規模の全国町立図書館と比較して平均以上の優れたサービスを提供しています。

では町立図書館について

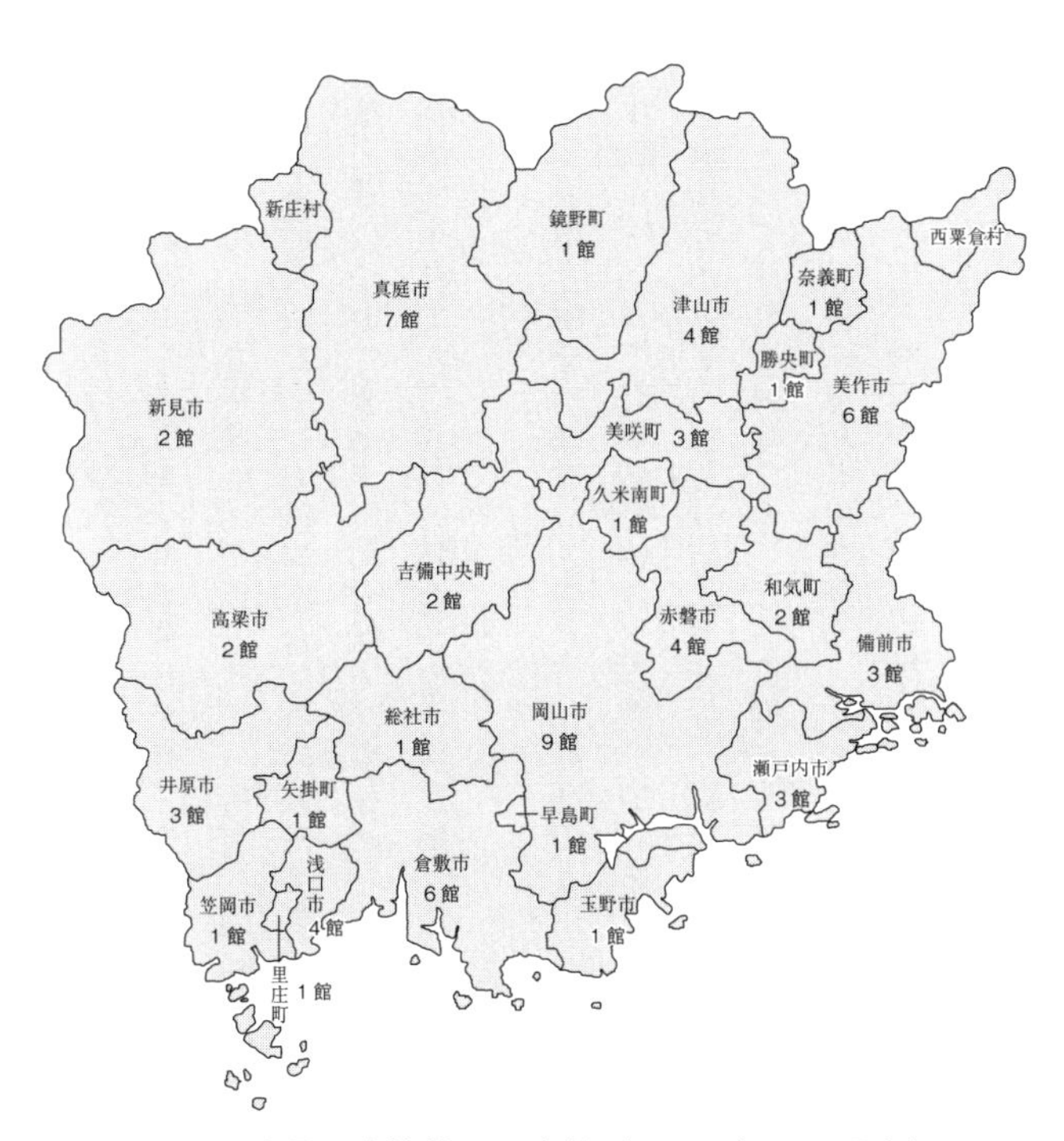

図　岡山県の自治体と図書館（2016年4月現在）

は、何の心配もないかといえばそうではありません。一〇町のうち四町の図書館には正規の専任司書が一人もいません。地域に図書館運営の知識や技術の蓄積をしたり、図書館ネットワークで他館と連携したり、また地域資料等蔵書コレクションを集積したりしていくうえでも司書は必ず必要です。司書資格を持っていればいいということではなく、一〇年、二〇年と研修と経験を積むことができる正規の専任司書が大切です。図書館を育てるのは人です。これは規模とは関係ありません。また、資料購入費についてもあまりにも低い図書館が見られます。司書と同じく、資料（資料購入費）も極めて重要です。資料に魅力がない図書館からは利用者は離れていきます。

次に、一五市の市立図書館ですが、貸出密度を指標に見る限り、同程度の人口規模の全国市立図書館と比較して、半数は長く平均を下回っており厳しい運営が続いています。背景には資料購入費の削減や正規の専任司書の減少があるように見受けられます。司書と資料（資料購入費）は先にも行ったように図書館にとっては車の両輪です。ここが抑えられると手も足も出なくなります。また、いくつかの図書館では施設の老朽化と手狭なことでの利用のしにくさなどの条件も重ねっているように思います。また、貸出密度では全国平均を十分上回っている図書館でも、地区館や分館にまで目を向けてみると正規の専任職員が配置されていないケースが多く見受けられます。資料も少ないため、管内の図書館システムをフル稼働させたり、県内図書館ネットワークを十分に活用したりできる専任司書の力量が求められる場所です。住民の要求をきっちり受け止められる正規の専任司書の配置が求められます。

こうしたさまざまな問題を抱えている市町村立図書館の振興には、いったいどういった取り組みが有効なのでしょうか。

指定管理者制度と図書館

まず、高梁市や玉野市が導入した指定管理者制度ですが、公立図書館の運営に望ましい方法なのでしょうか。

二〇〇三年六月に地方自治法の一部改正があり「地方公共団体が公の施設の設置目的を効果的に達成するため必要があると認めるときは、条例の定めるところにより、法人その他の団体であって当該普通地方公共団体が指定するもの（以下「指定管理者」という）に、当該公の施設の管理を行わせることができる」（第二四四条の二第三項）と変わり、公民館や博物館、図書館などの公の施設について、企業やＮＰＯなどの民間組織に運営を任せることができるようになりました。これまでの「公共性のある団体へ委託可能」から「民間企業を含めた団体に管理の代行を可能」と大きく変わったのです。管理委託制度から指定管理者制度への移行です。

条文中「公の施設の設置目的を効果的に達成する」とは、公の施設の管理を指定管理者に行わせることにより、地方公共団体が自ら管理するよりもいっそう向上したサービスを住民が享受することができ、ひいては住民の福祉がさらに増進されるということを意味しています。

指定管理者制度導入の趣旨について総務省は、「多様化する住民ニーズに、より効果的、効率的に対応するため、公の施設の管理に民間の能力を活用しつつ、住民サービスの向上を図るとともに、経費の削減等を図ることを目的とする」（二〇〇三年七月）と説明しています。

はたして、いくつもある公の施設の中で、公立図書館は、この指定管理者制度になじむ施設なのでしょうか。これまでに重要な提言や発言がいくつか出てきています。
・日本図書館協会「公立図書館の指定管理者制度について」（二〇〇五年八月）
「公立図書館への指定管理者制度の適用について、公立図書館の目的達成に有効とは言えず、基本的になじまないものと考える」。
・文部科学大臣の答弁（二〇〇八年五月国会）
「社会教育調査（二〇〇五年度）によりますと、公立図書館への指定管理者制度の導入率というのはまだ一・八パーセントなんですね。その最大の理由は、やっぱり今ご指摘がございました、大体指定期間が短期であるために、五年ぐらいと聞いていますが、長期的な視野に立った運営というものが図書館ということにはなじまないというか難しいということ、また職員の研修機会の確保や後継者の育成等の機会が難しくなる、こういう問題が指摘されておるわけでございます」。

・社会教育法等の一部を改正する法律案に対する附帯決議（衆参文部科学委員会二〇〇八年五月）

「国民の生涯にわたる学習活動を支援し、学習需要の増加に応えていくため、公民館、図書館及び博物館等の社会教育施設における人材確保及びその在り方について、指定管理者制度の導入による弊害についても十分配慮し、検討すること。また、その際、各地方公共団体での取り組みにおける地域間格差を解消し、円滑な運営を行うことができるよう様々な支援に努めること」。

・片山総務大臣の記者会見（二〇一一年一月五日）

「公共図書館とか、まして学校図書館については指定管理になじまない、きちっと行政が直営でスタッフを配置して運営すべき」「指定管理者制度が導入されてから今日までの自治体のこの制度の利用の状況をみると、コストカットのツールとして使ってきた嫌いがある。この制度の一番の狙いは行政サービスの質の向上にある。本来、指定管理になじまないような施設についてまで、指定管理の波が押し寄せている。改めて誤解を解きたい」。

さらに、二〇一六年九月、日本図書館協会は「公立図書館の指定管理者制度について―

二〇一六」を公表しました。指定管理者制度についての公式見解は二〇〇五年、二〇〇八年、二〇一〇年に次いで四回目となります。この中で次のように見解を表明しています。

「当協会は、我が国の今後の公立図書館の健全な発達を図る観点から、公立図書館の目的、役割・機能の基本を踏まえ、公立図書館への指定管理者制度の導入については、これまでの見解と同様に、基本的になじまないと考えます」。

直近では、二〇一六年一一月、総務省が歳出の効率化を推進するとして、公立図書館に係る地方交付税算定におけるトップランナー方式（指定管理者制度の導入促進）を進めようとしていましたが、トップランナー方式の導入は見送られることになりました。その理由として、次のように（図書館関係部分）書かれています。

○地方団体においては、以下の観点から指定管理者制度を導入しないとの意見が多い。
・教育機関、調査研究機関としての重要性に鑑み、司書、学芸員等を地方団体の職員として配置することが適切である。（図書館・博物館等）
・専門性の高い職員を長期的に育成・確保する必要がある。
○関係省（文部科学省及び厚生労働省）や関係団体（日本図書館協会等）において、業務の専門性、地域のニーズへの対応、持続的・継続的運営の観点から、各施設の機能が十分に果たせなくなることが懸念されるとの意見がある。

○実態として指定管理者制度の導入が進んでいない。

○社会教育法等の一部改正法（二〇〇八年）の国会審議において「社会教育施設における人材確保及びその在り方について、指定管理者制度の導入による弊害についても十分配慮し、検討すること」等の附帯決議がある。

文部科学省、総務省、そして日本図書館協会と、公立図書館の運営に大きな責任と影響力を持つ行政機関や団体がいずれも指定管理者制度の導入については否定的です。しかし、グラフ29に見られるように現実には導入する市区町村立図書館が少しずつ増えています。二〇一五年度には四六九館、全館数の一四・七％に達しています。

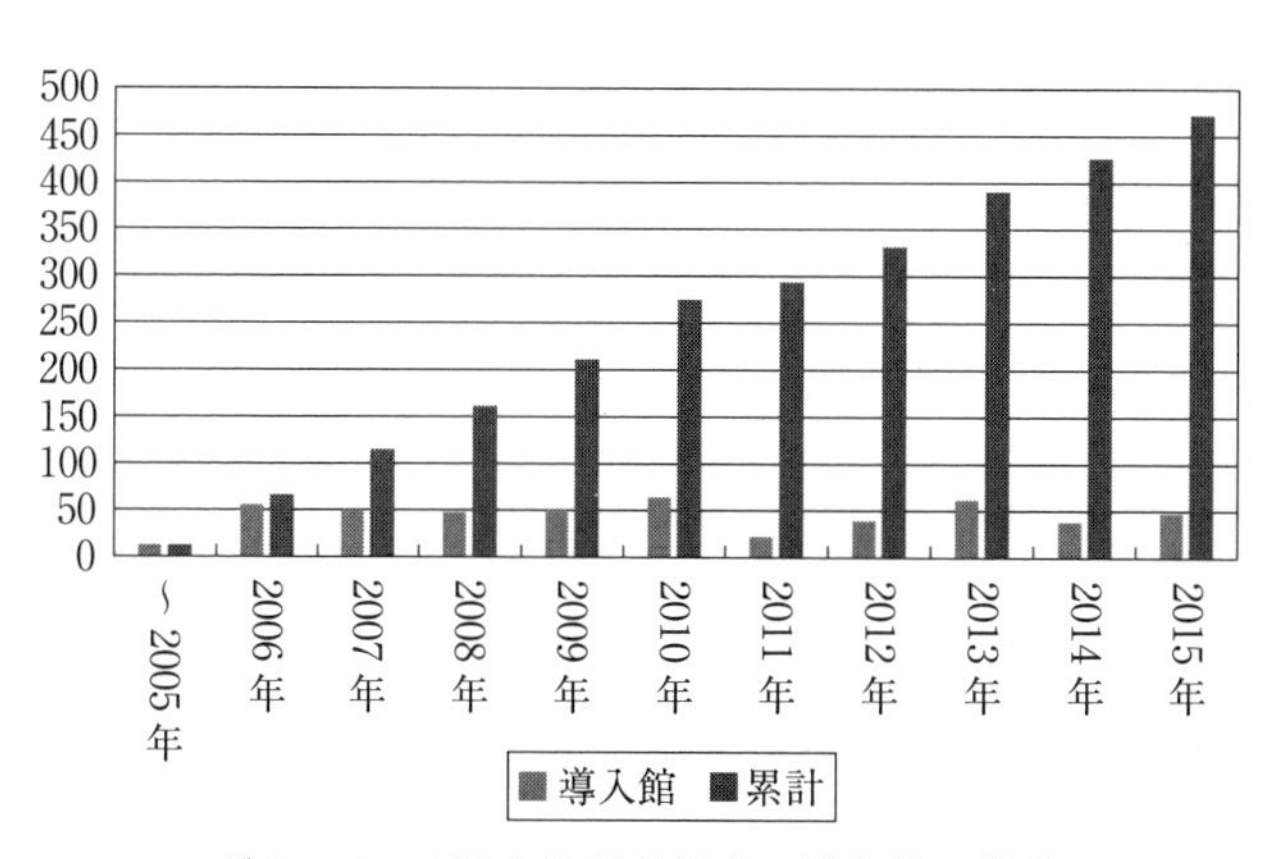

グラフ29　指定管理者制度の導入館の推移

いわゆるツタヤ図書館

指定管理者制度導入の背景には、総務省通知にある「経費の削減を図ることを目的とする」という部分だけが自治体に都合よく解釈されているように思えます。さらに、最近では、経費の削減というより、経費はかかってもいいから、地域振興やまちづくり、賑わいづくりを指定管理者の力を借りて実現しようとしている節があります。そこでは、もっぱら公立図書館の集客力ばかりが注目され、住民の知る自由や学ぶ自由を保障する公立図書館をどう運営するかといった基本的な視点がおろそかにされているように感じられます。

当初から、官より民、民間でできることは民間で、民間のノウハウが優れているなどと、まず指定管理者ありきの空気が醸成されていました。そのため、指定管理者制度が自治体や公立図書館にどんな影響を及ぼすかなど十分な議論が尽くされてきませんでした。また、指定管理者による図書館運営が始まってからも、開館時間が拡大された、休館日が減った、経費がかなり削減された、入館者数が大幅に増えたなどと、派手な部分だけが大きなメリットとしてニュースになり、初年度だけの動きにもかかわらず成功例として発信されました。特に、佐賀県武雄市図書館をはじめ、ＣＣＣが指定管理者の図書館は、メインフロアーの中心に蔦屋書店とスターバックスコーヒーを配置し、高い吹き抜けの壁面はダミー本を含むたくさんのディスプレーのために本を展示する方法で大きな注目を集めています。たくさんの本に囲まれてゆっくりお茶を楽しむ、買いたい本はすぐに買えるという寸法です。図書館内で書店を経営したり、本を物として扱ったりする手法の是非も問われるべきですが、旧図書館時代と比べて入館者数が大きく増加したことなどをもって指定管理者制度の成功例として大々的にマスコミが取り上げました。ただ、図書館が新館開館すれば、従来の入館者数より大幅に増加するのは過去の例からみても明らかです。開館後三、四年の賑わいは運営主体の努力とかではなく新館効果によるもので驚くことではありません。

ＣＣＣが指定管理者となっている佐賀県武雄市図書館（二〇一三年開館）、神奈川県海老名市立図書館（二〇一五年開館）、宮城県多賀城市立図書館（二〇一六年開館）など、いわゆるツタヤ図書館では、開館後に資料選定の杜撰さ、資料分類・配架の特殊性、書店か図書館か、運営経費の不透明さなど多くの問題点が浮き彫りになってきました。また、愛知県小牧市では、図書館建設を巡りＣＣＣと結んでいたアドバイザリー契約を解消（二〇一五年）するという事例も発生しました。住民投票でツタヤ図書館への反対の声が多かったためです。ここは最終的に直営の方針（『新小牧市立図書館の建設方針　答申書』二〇一七年二月）になったようです。

武雄市図書館や海老名市立図書館で、選書や資料配架の問題点を指摘されたＣＣＣの責任者・高橋聡館長は、「武雄市図書館の時、僕たちはド素人でした」と発言しました。また、CCCの増田宗昭社長は、講演（二〇一三年七月）の中で、「図書館なんてものはない。名前は図書館だが、本のレンタル屋だ」と語っています。本を商品としてしか見ていないのがよく分かります。また、『週刊東洋経済』（二〇一五年一〇月三一日号）では、図書館の価値について問われ、「市民にとって開館時間が長くなって、くつろげる空間でお茶が飲めて、新しい本も買える。プラス通常の図書館機能もある」などと答えています。図書館が付録的扱いになっています。武雄市や海老名市は自らの図書館を作ったはずです。ツタヤ図書館の中心人物からのこうした発言は許されるのでしょうか。

ＣＣＣが指定管理者になっている図書館を三か所（武雄市、海老名市、高梁市）見学しましたが、どこも、基本的には蔦屋書店とスターバックスコーヒー、図書館の組み合わせで作られています。図書館のメインフロアーに蔦屋書店とスターバックスコーヒーを配置、図書館とスターバックスコーヒーの集客力を利用して本や雑誌の販売ができるということであれば、書店経営が厳しい時代、地方で書店経営を成功させるための一つの有力な方法かもしれません。「くつろげてお茶が飲めて、新しい本も買える。プラス通常の図書館機能もある」。ＣＣＣが運営する図書館はまさにその通りで、図書館は付録的です。言い得て妙です。

指定管理者での運営は、職員の司書率も高いといっていますが、その司書も、人件費を抑えるため経験年数の少ない人を多く採用し、ある日は図書館、ある日は書店、ある日は観光案内所（高梁市の場合）という働かされ方で、これではたして利用者との信頼を築けるのでしょうか。そして、大半が短期の有期雇用です。将来に希望が持てるでしょうか。

指定管理者制度は、およそ五年間という短い指定期間ですが、その五年でおそらく市町村の教育委員会から図書館運営の知識や技術が消えてしまい、地域の図書館行政が破壊されることは目に見えています。市町村の図書館にとって基本的で、重要な郷土資料や地方行政資料などのきめ細かい収集は継続されていくのでしょうか。

何度も言いますが、住民の知る自由や学ぶ自由を保障することを役割・使命とする公立図書館は、民主主義の根幹を支える重要な拠点施設です。そのため、公立図書館はすべての住民が無料（権利として）で、一人ひとりの利用者として公平に利用できる環境として整備されなければいけません。その公立図書館が効率主義を第一とする民間企業に委ねられることはあってはならないことだと思います。あくまでも公が責任をもって直接運営すべきものではないでしょうか。最初に、文部科学省や総務省、日本図書館協会などの指定管理者制度に関する意見を紹介しましたが、いずれも公立図書館への指定管理者制度の導入については否定的でした。

岡山県立図書館では、開館後の二〇〇六年に図書館協議会委員の意見も聞きながら、「民主主義の根幹ともいえる知る自由を保障する役割を担う県立図書館は、公が担うべきもので指定管理者への委託はなじまない」という結論から、図書館への指定管理者制度は導入しないと結論づけました。ただ、日本図書館協会の指定管理者制度導入調査では、導入した県立図書館に岡山県の名前が挙げられて誤解されることが多いのですが、導入しているのは空調設備、警備、清掃等の維持管理業務だけで図書館業務には導入していません。

指定管理者制度が公立図書館に導入されて一三年を超えました。はたしてサービスの向上が実現できているのか、公立図書館としての役割は果たせているのか、経費の削減が実行できているのか、など詳細な分析も併せて行う必要があるでしょう。指定管理者制度の導入館には、積極的に情報の公開をしてもらえればと思います。

指定管理者制度で図書館振興は可能か

指定管理者制度の導入館では、自治体の首長のトップダウンで導入が方向づけられ、新館の建設計画から設計、サービス計画、そして運営に至るまで指定管理者に任せっきり、図書館の現場は蚊帳の外だったという話をよく聞きます。また、導入を検討させられている図書館も、ゼロからの検討を余儀なくされ孤立している例がみられます。

法的に導入できるということと、その方式を選択するかどうかとの間には大きな隔たりがあるはずです。県立図書館や「県図書館協会」は、積極的に指定管理者制度についての調査研究を進める必要があります。関連資料や情報を積極的に収集し、さらに導入館の実態の分析を行い、研究結果を市町村立図書館へ提供できる仕組みが必要です。今後、岡山県内で指定管理者制度の導入を検討する自治体が出てこないとも限りません。研究が進んでいれば、少なくとも問題に直面した市町村立図書館が孤立することは避けられるのではないでしょうか。

指定管理者制度を導入した市町村立図書館では、個人貸出冊数を指標にみる限り、導入した年度からしばらくは改善の兆しが見受けられますが、何年かすると、奇妙なことに多くの図書館で個人貸出冊数の低下が始まっているようです。実態として、開館日や開館時間を大幅に拡大した割には、図書館の基本である資料や情報の提供が前進したようには見えません。指定期間が五年程度と短く、効率主義を第一とする民間企業に、専門職として十分な研修や経験を積めていない職員体制で、地域住民の要望を活かした選書を行い、資料案内やレファレンスサービスの充実とサービスの拡大（電子図書館、多文化サービス、高齢者サービス、障害者サービスなど）も図りながら、また、郷土資料や地方行政資料などの収集・組織化など目先の賑わいには反映されない、きめ細かな仕事も継続しながら、図書館の運営に責任をもってあたることはできるのでしょうか。

図書館運営には必ず専門職としての司書が必要です。しかも正規の専任司書が必要です。指定管理者は職員の司書率は高いと主張します。しかし、公立図書館には無料利用の原則があり、指定管理者には事業収入は見込めません。利益は人件費を抑えることでしか発生しない仕組みになっています。おのずと有期雇用で低賃金の契約社員を中心に仕事を進めるということにならざるを得ません。大学で司書を養成する立場でいうのもどうかと思いますが、司書有資格者をそろえればすぐに利用者に満足してもらえるサービスが提供できるわけではありません。資格は図書館業務に携わるためのほんの入り口に過ぎません。経験や研修を積み、利用者に育てられて初めて図書館サービスの知識や技術が身に付きます。決して司書は一日にしてならないのです。一〇年、二〇年、三〇年と経験値が上がれば上がるほど、また研修を重ねれば重ねるほど司書の資質は向上します。いまの指定管理者制度ではこうした司書は育てられません。低賃金で短期の契約、場合によっては図書館以外の仕事（書店や観光案内など）に携わることも余儀なくされて、司書は将来に希望が持てるでしょうか。指定管理者の職場では離職率が高いとも聞きますが、こうしたことの反映ではないでしょうか。

五年程度という短期間の契約で、司書として、また図書館としての十分な経験を積めていない組織に、選書や貸出し（資料案内や予約サービスを含む）、レファレンスサービス、郷土資料の収集・組織化など、公立図書館としての基本的サービスが十分に実現できるのか。「図書館は本のレンタル屋だ」という、ＣＣＣの増田社長の言葉がそのことをまさに証明しているのではないでしょうか。

図書館の力

地方創生や地域のにぎわいづくり、まちづくりに公立図書館を活用する動きが多く見受けられます。公立図書館の機能や集客力に着目してのことだと思いますが、間違えてはいけないのは、図書館が人を集めるわけではありません、よい図書館が多くの住民を呼ぶのだということです。

公立図書館本来の役割は、地域住民の知りたい、学びたい、読みたいという要望に迅速・的確に応えていくことです。誰もが、職場で、地域で、またあらゆる生活の場面で、よく考え、よく判断し、よく行動することを求められます。そのためには、参考にできる資料や情報を自由に入手できる環境が重要です。社会において資料や情報は力になります。持てるものは強く、疎外されるものは力を付けることが難しくなります。すべての人に資料や情報が公平に開かれている場がこの社会には必要です。そうした場所、それが公立図書館なのです。

公立図書館には、司書資格を有する図書館経験の豊かな館長と、適正な数の正規の専任司書とを配し、住民が必要とする資料や情報を収集・保存し、提供するという基本的な取り組みがまず整えられなければなりません。公立図書館としてよいサービスが提供できれば、おのずと多くの住民が図書館を訪れ、地域の創生やにぎわいづくりに貢献してくれます。ここでボタンの掛け違いをしてしまうと本来の公立図書館の役割がねじ曲がったものになりかねません。図書館を作って三、四年力を入れるということだけでは無理な話で、公立図書館の仕事は、よい仕事として継続されるものでなければなりません。今の人、次代の人と長期にわたって安定した運営がなされなければ意味がありません。憲法で保障された、知る自由を社会的に保障していく資料情報の拠点なわけですから。

公立図書館の仕事は、いますぐに何か社会的な効果を生み出すようなものではありません。そのため行政組織の中でもどちらかといえば隅っこに追いやられがちな扱いを受けます。また、司書も社会的に目立つ仕事をしているわけではありません。どちらかというと、誰かが輝くために、誰かの抱えている問題解決のために、誰かの成功のためにといった、縁の下の力持ち的な仕事をしていくことになります。だからといって、いい加減な気持ちでは取り組めない仕事です。何しろ社会の知的な根幹部分を受け持っているわけですから。有川浩さんの小説『図書館戦争』[2]が若者の支持を受けましたが、あれは荒唐無稽な物語の世界と受け止められているかもしれません。なるほど、実際の公立図書館では自動小銃や戦闘用ヘルメットを着用して、知る自由を守るために死をかけて戦うということはありません。しかし、武器は所持しませんが、理論武装をして一冊の本を守るために戦うということは日常的にあるのです。漫画『はだしのゲン』や、元少年Aの手記『絶歌』などが図書館から排除されないためには戦う必要があります。たとえ組織の上部からの圧力があったにしても、司書は戦うときには戦わねばならないのです。これは指定管理者にはできないことです。

指定管理者制度を考えるとき、個々の指定管理者の問題点を追及することと同時に、指定管理者制度を選択する自治体の側に問題があるのではという視点も大事なのではないかと思います。民主主義社会にとって不可欠な、すべての人の知る自由を支える公立図書館であるからこそ、公が設置運営しているわけで、金がかかるからといって民間に丸投げすることが許されるようなものではありません。子どもの教育のためには、親は借金をしてでも必要なお金を工面します。知る自由、学ぶ自由、読書する自由という社会の根幹を守るためには、お金は苦労してねん出すべきものです。

指定管理者より自立の方策を

公立図書館サービスの必要性の認識があやふやになってくると、市町村教育委員会も大半の職員が非常勤職員という運営形態の図書館を、より少ない経費で引き受けてくれる指定管理者に委ねてしまおうかという誘惑にかられることがあるかもしれません。しかし、それは、市町村立図書館の本来の目的からいって間違っています。市町村教育委員会は地域の図書館振興に、また図書館の運営改善には責任があります。市町村立図書館は、地域社会にとって大切な、なくてはならない施設です。決して他に運営を任せてはいけないのです。図書館サービスの改善・発展のために、市町村教育委員会と図書館は一体となって取り組む必要があります。サービス計画を再構築し、サービス内容の点検・評価を適切に行い、運営の改善を図るよう努めなければなりません。

図書館にとって最重要なのは司書と資料です。しかも正規の専任司書、何年も何十年も継続して働ける専任司書が重要です。そうした司書がいないと蔵書コレクションは充実しませんし、必要な資料が利用者に届きません。運営の知識や技術も引き継がれていきません。どんなによい資料があろうと、それを探し出し利用者に的確に届けられる司書がいないと図書館は機能しません。司書と資料は車の両輪です。市町村教育委員会はまずこの部分に目を向けてほしいと思います。

また、どんな図書館であれ、単独で地域住民の要望に応えることは困難です。県立図書館や他の市町村立図書館との連携・協力を意識して自立の道を探っていけばよいと思います。

一つのモデルがあります。高梁川流域連盟が創設六〇周年記念事業（二〇一四年）として、流域の七市（新見市・高梁市・総社市・倉敷市・笠岡市・井原市・浅口市）と三町（早島町・

矢掛町・里庄町）の図書館での相互利用を始めました。流域の住民はどこの図書館でも資料を借りられ、どこの図書館でも返却できるというものです。「いつでも、どこでも、だれでも」使える図書館を目指して考えられた図書館ネットワーク、こうした地域での新たな取り組みが図書館を大きく変えていく可能性を持っているのではないでしょうか。

「図書館の設置及び運営上の望ましい基準」では職員の項目で次のようにも書いています。

　二　市町村教育委員会は、市町村立図書館が専門的なサービスを実施するために必要な数の司書及び司書補を確保するよう、その積極的な採用及び処遇改善に努めるとともに、これら職員の職務の重要性にかんがみ、その資質・能力の向上を図る観点から、第一の四の二に規定する関係機関等との計画的な人事交流（複数の市町村又は都道府県の機関等との広域的な人事交流を含む）に努めるものとする。

正規の司書が少ない（あるいはまったくいない）図書館では、人事の停滞が時として図書館発展のマイナス要因となりかねません。正規の専任司書が適正に手当てされることが一番重要ですが、広域ネットワーク（県域まで拡大してもいい）のなかで、自治体を越えて人事交流が行われるということがあれば、それも市町村立図書館発展のきっかけになるように思います。高梁川流域連盟の取り組みをさらに前進させ、ネットワークの範囲を人事交流にまで拡大できれば、地域の図書館振興を大きく前進させる可能性が出てくるのではないでしょうか。

図書館は、一度手放してしまうと運営の知識や技術はすぐに失われ、二度と自ら主体的に取り組むことは困難になるでしょう。市町村教育委員会の責任として、指定管理者に頼ることなく図書館と一体となって自ら再生の道を探ってほしいと思います。

県と県立図書館は市町村立図書館運営の援助を

「図書館の設置及び運営上の望ましい基準」では、県立図書館には、「住民の需要を広域的かつ総合的に把握して、資料及び情報を体系的に収集、整理、保存及び提供すること等を通じて、市町村立図書館に対する円滑な図書館運営の確保のための援助に努めるとともに、当該都道府県内の図書館間の連絡調整等の推進に努めるものとする」と、その役割について書かれています。そして、市町村立図書館の支援の具体的内容について、「ア　資料の紹介、提供に関すること　イ　情報サービスに関すること　ウ　図書館資料の保存に関すること　エ　郷土資料及び地方行政資料の電子化に関すること　オ　図書館の職員の研修に関すること　カ　その他図書館運営に関すること」の六項目があがっています。

県立図書館は直接入館者へのサービスを行うことはもちろんですが、市町村立図書館の支援がさらに重要な業務となります。岡山県立図書館では開館以降、個人貸出冊数は毎年一〇〇万冊（全国平均四〇万冊前後）以上、最近五年間は一四〇万冊を超えています。都道府県立図書館比較で一一年連続一位という誇れる活動を展開していますが、これは直接入館者へのサービスです。全国一位とはいっても、県内公立図書館の全個人貸出総冊数のたかだか一二％程度に過ぎません。全県民の資料利用にはいかに市町村立図書館が基本になるかがよく分かります。しかし、そうはいっても全国平均が三％程度のところが一二％ですから、直接サービスに傾斜しすぎているのではないかといわれるゆえんです。それはそれで重要ですが、市町村立図書館の支援はそれ以上に重要な機能となります。

具体的には、先の望ましい基準で書かれていた「ア」から「カ」の支援内容です。「ア」や「イ」の市町村立図書館からの求めに応じた資料の貸出しやレファレンスサービスによる支援が基本となりますが、このことに関しては、二〇〇四年の開館から進めてきた新刊図書の七〇％程度の継続的収集や主題部門別サービス体制による調査研究機能の充実、県内図書館の総合目録である県図書館横断検索システムと資料搬送システムの構築などでかなり充実してきていると思われます。また、「ウ」の図書館資料の保存に関しても、県立図書館が資料保存センターとして市町村立図書館に代わって保存資料を引き受けていく立場を明確にしていることで効果をあげているといえるでしょう。

いま、県立図書館で特に取り組む必要があるのは、「カ」の市町村立図書館の運営に関する援助ではないでしょうか。幸い県立図書館は、組織として図書館振興課を有し、「県公共図書館協議会」や「県図書館協会」の事務局も担当し、市町村立図書館の各種統計（「日本の図書館」へ掲載分など）を集計したり、巡回相談業務で市町村立図書館を定期的に訪問したりしています。市町村立図書館の問題点の把握もしやすい立場です。高梁市や玉野市で突然のように導入が決まった指定管理者制度についても事前に知ることができたのではないでしょうか。

いま問題を抱えている市町村立図書館をどうしたら活性化できるのか。市町村が直接運営することをあきらめて、指定管理者に委ねるという判断をされないよう、特に県立図書館は市町村立図書館の運営面での援助をしていく必要があります。減少を続ける資料購入費や専任司書、いまだに十分ではない全域サービス、そして指定管理者制度の導入問題など市町村立図書館は多くの課題を抱えているのですから。

高梁市や玉野市が導入した指定管理者制度に関心がある市町村立図書館は他にもあるわけで、県立図書館はもっと積極的に図書館運営の相談という面での援助にも力を入れるべきではないでしょうか。指定管理者制度についての関係資料や情報を収集してその問題点等を分析しておき、高梁市や玉野市で起こったように、突然トップダウンで指定管理者制度を導入する動きが出てきても、各図書館が孤立した状態で指定管理者問題に一から取り掛からねばならないような状況は払拭すべきです。決して市町村立図書館を孤立させてはいけません。逆に、市町村立図書館はもっと積極的に県立図書館や「県公共図書館協議会」「県図書館協会」を活用すべきです。

県立図書館だけでなく、県教育委員会も県内市町村立図書館の振興には責任があります。県教育委員会はすべての県民が公平で満足のいく図書館サービスを受けられるよう市町村立図書館の振興を図る責任を負っています。そして図書館振興は計画的に進められなければいけません。

いま、岡山県には明文化された図書館振興策はありません。建設費の一部補助金政策も終了しています。しかし、平成の大合併が進行する前の、約半数の町村（三七町村）に図書館がないという事態からいえば、いま図書館未設置自治体は新庄村と西粟倉村の二村だけです。県内の公立図書館の課題もそれまでの図書館未設置町村の解消という箱物から図書館運営の在り方といったソフト面へ移っているといっていいでしょう。県教育委員会の責任として、県立図書館と協力して、市町村教育委員会に対して市町村立図書館の運営に対する指導や助言等を迅速・的確に行っていく必要があるでしょう。望ましい基準でも、都道府県は、「当該都道府県内の図書館サービスの全体的な進展を図る観点に立って、市町村に対して市町村立図書館の設置及び運営に関する必要な指導・助言等を行うものとする」とあるように、県教育委員会は、県立図書館の充実を図ることはもちろんですが、市町村立図書館の振興についても、図書館サービスの全体的な進展を図る観点に立って、市町村教育委員会に対して必要な指導・助言をしていく必要があります。図書館振興策はなくても日常の図書館行政としてぜひ取り組んでほしい課題です。地域住民は市町村立図書館の充実をこそ一番に求めているのですから。

県教育委員会は二〇一六年二月に「第二次岡山県教育振興基本計画」を策定しましたが、その中で、県民が公立図書館から借りた本の数（県民一人当たりの貸出冊数）を指標に目標数値を定めています。二〇一六年度から毎年〇・一五冊の増加を見込み、五年先の二〇二〇年度には七冊を達成しようというものです。いくつかの市での新館開館という追い風はありますが、県・市町村教育委員会と県立・市町村立図書館の連携・協力がさらに求められると思います。

基本を大切にする図書館

ここ数年、公立図書館では資料購入費の減少、専任司書の削減等が大きな問題となっています。そんな中で厳しい運営を余儀なくされている図書館も多く現れています。岡山県も例外ではなく、立て直すには図書館、市民、行政が一体となって自立の道を探るべきだと述べてきました。

最近、公立図書館運営の在り方として、課題解決型図書館といういい方で特定のテーマ（ビジネス支援や教育支援、行政支援など）に力点を置き、役に立つ図書館こそが新しい図書館で、資料の提供という公立図書館の基本を前面に出す図書館を古い図書館と決めつける傾向がみられます。図書館の資料には、利用してすぐに役立つ資料もありますし、すぐには役に立たないけれども利用者にとってなくてはならない資料もあります。ビジネス支援といっても、利用者はビジネス関係の資料だけを求めているか、といったらそんなことはありません。人の精神構造や社会構造はそんなに単純にはできあがっていません。ビジネスであれ、教育であれ、また医療であれ、法律であれ、すべての分野で、専門的な知識はもちろんですが、同じような比重で一般的な知識や教養、芸術や哲学・宗教・文学なども重要です。そうしたものが人としての背骨を形成するのだと思います。ただ、その効果が現れるには時間がかかります。なかなか目には見えにくくもあります。しかし、時間とともに熟成し、知らぬ間に人として必要な力や魅力を作ってくれるものです。そうした引き出しは人には不可欠なもので多いほどよいと思います。公立図書館として、すぐに役に立つという目先の資料にだけとらわれるのは危険です。図書館資料が、課題を解決するための資料を中心に構成されるというのでは、公立図書館はあまりにも薄っぺらで魅力に乏しいものとなります。

また、人口減少が進む中都市などでにぎわい創出に図書館を活用する自治体も出てきています。高梁市もその一つですが、お手本は佐賀県の武雄市図書館だそうです。図書館と蔦屋書店とスターバックスコーヒーをセットで運営する方式です。メインフロアーの中心に書店とカフェが構えている姿には何となく違和感を覚えます。図書館の本来の力が分散されたりしなければよいのですが。入館者が増えてにぎわいが生まれているからよいではないかという感想も聞きますが、よい図書館をつくって、よいサービスを提供して、多くの住民に利用してもらって生まれる賑わいとはまったく違うものに思われます。

課題解決であれ、まちづくりであれ、にぎわい創出であれ、また交流の場づくりであれ、いま、本当に必要なのは図書館の基本を大切にすることではないでしょうか。市民の要求にこたえられる資料の選定と資料の提供（資料案内、貸出し、レファレンスサービス）、すべての市民がストレスなく図書館サービスが受けられる全域サービスの実現、一定程度以上の資料購入費の確保（図書館には継続的にかなりの費用がかかります）、司書有資格者の館長と正規の専任司書の配置、図書館ネットワークの構成員として他館との連携・協力、こうした公立図書館運営の基本に取り組む努力をまず、そして継続的に行うべきです。いま多くの図書館で競い合うようにさまざまなイベントが行われています。メディアもしっかり報道します。時にイベントに大きく傾斜している図書館を見ることもあります。これなども基本を大切にする意識と努力を重ねながら進めていく必要があると思います。社会の基盤としての知る自由や学ぶ自由を保障できる公立図書館を整備する、公の仕事に求められているのはそこなのですから。

県、岡山市、倉敷市、赤磐市の図書館などはそうした基本を大切にした運営で実績を上げています。基本を大切にする図書館には、課題解決・まちづくり・交流の場づくり・にぎわい創出など、すべてを可能にする力があります。そして、よい図書館は図書館、市民、行政が一緒になって創り上げるものです。特に、重要な役割を果たすのは司書です。司書は短期間では育ちません。一〇年も二〇年も利用者と向き合い、先輩の知識や技術を学びながら、また、多くの研修を重ねるなど時間をかけて有能な司書は育つのです。そうした司書による、よく選定、収集された資料の蓄積、利用者の要求には必ず応えるというサービスの実施、多くの図書館との連携・協力によってよい図書館は生まれるのではないでしょうか。

「公共図書館の基本的機能は、資料を求めるあらゆる人々に、資料を提供することである」「このような一般公衆に対する資料提供は公共図書館の任務であり、この点で図書館は他の類似の機関と区別される」（『市民の図書館』日本図書館協会）。

この図書館の基本を丁寧に行う。にぎわいを創出するために図書館を活用するのではなく、よい図書館を創ることでにぎわいの創出を実現する。逆であってはいけないと思います。

注

(1) 高梁中央図書館建設計画策定委員会編『高梁中央図書館建設基本計画』高梁中央図書館建設計画策定委員会、二〇一一年

(2) 有川浩『図書館戦争』メディアワークス、二〇〇六年

あとがき

岡山県立図書館を退職して八年が過ぎました。いまだに知人から、「どうして県立図書館は目覚ましい活躍ができているのか」という質問をよく受けます。岡山市立図書館や倉敷市立図書館、久米南町図書館、さらには私立図書館ですが金光図書館などの以前からの抜きんでた活動を考えれば、別に岡山県立図書館が注目されても不思議でもないわけですが、ただ、突然のように目覚ましい活動を始めたので驚かれているのだろうと思います。そのたびに、「新刊図書の七〇%程度の継続的収集」や「主題部門別サービス体制での調査研究」「決してノーとは言わないサービス」などをあげてきたように思いますが、立ち話ですから、なかなか深く掘り下げて答えるところまではいきませんでした。

今回、大学教育出版からそのあたりのことについて、詳しく書いてみるつもりはないかというお誘いを受けました。新館の基本構想からサービス計画の策定にいたるまで、新館担当者の一人としてかかわってきたことでもありますから、書き切れるかどうか不安はありましたがお引き受けしました。ただ、取り掛かってみて大変なことになったと思いました。八年も経つと、手元に詳細な資料や肝心のメモが残っていません。個人で所持していた書類は、退職時にほとんど処分していました。頼みの記憶を探ってみても、すでに自分に都合がよいように整理しなおされているような気がして、そのまま書いてよいものかどうか迷いました。当時をよく知る仲間に多大な迷惑をかけながら、記憶のあやふやな部分を補っていったようなことです。また、記録には残っていませんが、記憶の中にとても生き生きとしている言葉や表現もあります。そういうのは思い込みに過ぎないことがほとんどだと分かってはいるのですが、捨て切れず使ってしまいました。資料との照合ができず、本当のところが確認できないまま、えいやっと書いてしまったところもあります。しかし、いずれの場合も当時の自分の意志や感情に沿った表現にしたつもりです。

毎年、県立図書館の年報が出ると事業実績や各種統計を興味深く見せてもらっています。大学での講義に活用するという意味もありますが、県立図書館の成長を見ていたいという気持ちも強くあります。インドの図書館学者ランガナタンに「図書館学の五法則」がありますが、その第五法則目は「図書館は成長する有機体である」というものです。資料も、職員も、利用者も、サービスもすべて成長し続けるというもの。これらのバランスのとれた成長こそが図書館には求められるところだろうと思います。

今回、岡山県立図書館の新館構想の準備段階から開館後の活動まで数年間を詳しく調べてみました。新聞等では都道府県立図書館比較で一番多い入館者数や個人貸出冊数ばかりに焦点が当てられますが、実際には、図書館の基本を大事にした、また県立図書館としての役割をしっかり意識した運営がなされているように思いました。資料購入費の削減など心配な部分もありますが、県民や市町村立図書館に寄り添った運営を続け、成長する有機体であり続けてほしいと願っています。

本書を執筆するにあたり、㈱大学教育出版代表の佐藤守様には大変お世話になりました。心から感謝申し上げます。

二〇一七年一二月

著　者

■著者紹介

菱川　廣光（ひしかわ　ひろみつ）

1949年　岡山県真庭市に生まれる。
1971年　岡山大学卒業
1971年4月　岡山県総合文化センター（県立図書館）
2004年4月　岡山県立図書館
2009年3月　退職
2009年4月　岡山県生涯学習センター
2011年3月　退職
2011年4月～　ノートルダム清心女子大学非常勤講師
2012年4月～　就実大学非常勤講師
2013年4月～　山陽学園大学特任教授
現住所　〒709-0827　岡山県赤磐市山陽3丁目4－40

著書
『岡山の明治の雑誌』岡山文庫　共著（日本文教出版、1989年）
『県民に開かれた図書館』（日本文教出版、2009年）
『図書館を読む』（日本文教出版、2012年）
『岡山県立図書館 抵抗と再生の記録』（日本文教出版、2014年）

情報化時代の今、公共図書館の役割とは
— 岡山県立図書館の挑戦 —

2018年4月10日　初版第1刷発行

■著　者——菱川廣光
■発行者——佐藤　守
■発行所——株式会社 大学教育出版
〒700-0953　岡山市南区西市855-4
電話（086）244-1268　FAX（086）246-0294
■印刷製本——モリモト印刷㈱

ISBN978－4－86429－495－9